Ulrich Hecker

Bäume und Sträucher

W0063635

Dr. Ulrich Hecker

BÄUME & STRÄUCHER

Treffsicher
bestimmen
mit dem
3er-Check

blv

Inhalt

Vorwort

Verglichen mit klimatisch ähnlichen Zonen der Nordhalbkugel ist die Zahl der Gehölzarten in Mitteleuropa recht gering. Die letzte Eiszeit hat viele der einst heimischen Bäume und Sträucher aussterben lassen. Nur wenige konnten nach Südosteuropa ausweichen. Auch verglichen mit den krautigen Pflanzen nehmen Gehölze im Artenspektrum Mitteleuropas nur einen kleinen Raum ein. Dennoch sind sie, aufgrund ihrer Gestalt und Größe, die dominierende Pflanzengruppe und häufig auch landschaftsprägend.

Bei näherer Betrachtung zeigt sich, dass die in diesem Buch enthaltenen heimischen, eingebürgerten oder häufig angepflanzten Gehölze eine erstaunliche Vielfalt an Formen und sehr interessanten ökologischen und biologischen Eigenheiten aufweisen. Viele Details müssen wir aus der Nähe anschauen, um alle Besonderheiten auch zu erkennen.

Der Wechsel der Jahreszeiten macht uns die Bäume und Sträucher das ganze Jahr über betrachtenswert. Das Frühjahr bringt den Laubaustrieb und die Blüte, der Sommer die Früchte, der Herbst die in jedem Jahr etwas andere Laubfärbung und der Winter überrascht mit im Sommer kaum ins Auge fallenden Eigenheiten wie Verzweigung, Stammfärbung und Knospenform.

In diesem Bestimmungsbuch wird die Formenfülle zunächst in überschaubare Gruppen gegliedert, die mit Symbolen (Piktogrammen) und Leitfarben gekennzeichnet sind. Anhand weniger, aber entscheidender Merkmale im 3er-Check gelangt der Benutzer dann schnell zur richtigen Art. Da die Blütezeit nur kurz ist und Früchte oft erst spät im Jahr ausgereift sind, liegt der Schwerpunkt auf den in der ganzen Vegetationsperiode vorhandenen Blättern. (Weitere Hinweise zum Bestimmen mit diesem Buch finden Sie ab S. 28.)

Sich die Namen der Gehölze einzuprägen bereitet oft Schwierigkeiten. Es gelingt jedoch leichter, wenn wir mit dem Namen interessante biologische Details verknüpfen können, mit denen uns die Bäume und Sträucher in so vielfältiger Weise überraschen. Auf derartige Informationen unter dem Stichwort »Biologie« wurde in diesem Führer deshalb besonderer Wert gelegt.

Einführung

Gehölze und ihr Teile

Wie alle Blütenpflanzen weisen auch die Gehölze 3 Grundorgane auf: Sprossachse, Wurzel und Blatt. Diese Grundorgane, von denen uns vor allem die oberirdisch ausgebildeten Teile interessieren, erfahren oft eine beträchtliche Abwandlung, die zu der uns vertrauten Mannigfaltigkeit und Formenvielfalt der Pflanzen und speziell der Gehölze führt.

Die Sprossachse

Die Sprossachse gliedert sich in Knoten (Nodien) und Zwischenknotenabschnitte (Internodien). Bei Sträuchern und Bäumen verholzt die Sprossachse. Das geschieht durch Ablagerung von Lignin an den Zellwänden. Der Holzkörper gliedert sich in das zentrale Mark, den Holzteil und die Rinde (vgl. Grafik). Die Zellen des Marks sterben meist bald ab. Sie sind dann lufterfüllt und dadurch grau oder weiß gefärbt. Mitunter degeneriert das Mark. Es entstehen Hohlräume, die die gesamte Sprossachse durchziehen oder durch die massiven Knoten voneinander getrennt sind. Selten, so beim Walnussbaum, kommt es zur Bildung eines gekammerten Marks.

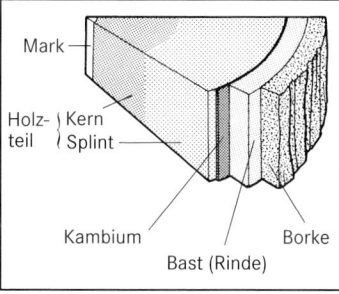

Stammsektor eines Baumes

Durch später einsetzendes, so genanntes sekundäres Dickenwachstum, nimmt der Holzkörper an Umfang zu. Im Laufe der Alterung kommt es meist zu einer Gliederung in einen zenralen Kern- und einen peripheren Splintteil. Der Wassertransport erfolgt nur in den Gefäßen des Splintteiles. Im Kern, der vor allem der Stabilisierung der Achse dient, sind die Zellen durch Einlagerung von Stoffwechselprodukten oft dunkel gefärbt (Kiefer, Eiche).

Die Assimilate werden in der Rinde (Bast) transportiert. Anfangs ist die Rinde nur durch eine dünne Epidermis begrenzt, der eine ungegliederte Schutzschicht, die Kutikula, aufliegen kann. Die Rinde ist bei den Holzgewächsen, von wenigen Ausnahmen (Brombeere, Himbeere) abgesehen, mehr oder weniger dicht mit Korkporen oder Korkwarzen (Lentizellen) besetzt. Sie enthalten Öffnungen, die dem Gasaustausch dienen. Mit zunehmendem Achsenumfang erfahren diese Korkwarzen eine Streckung und damit eine oft beträchtliche Vergrößerung (Vogel-Kirsche).

Beim jährlich erfolgenden Dickenwachstum werden neue Zellen durch ein besonderes Bildungsgewebe mit teilungsfähigen Zellen, dem Kambium, erzeugt. Dieses Kambium gliedert nach innnen Holz-

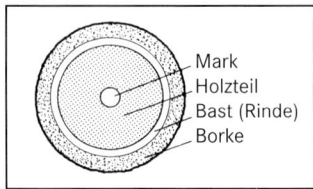

Stammquerschnitt

- Mark
- Holzteil
- Bast (Rinde)
- Borke

zellen (Xylem) und nach außen Bastzellen (Phloem) ab. Da die Holzzellen im Laufe einer Vegetationsperiode unterschiedlich groß sind – im Frühjahr großlumig (Frühholz), später kleiner werdend und mit dickeren Zellwänden versehen (Spätholz) – kommt es zu charakteristischen ringförmigen Strukturen des Holzkörpers, den Jahresringen. Sie ermöglichen eine exakte Altersbestimmung bei Bäumen. An dickeren Ästen und Stämmen bildet sich meist auch eine Borke: Das Kambium erzeugt nach außen im Wechsel neben Bast auch Korklagen. Das außerhalb der Korkschicht liegende Gewebe stirbt ab. Alljährlich entstehen so unterschiedlich mächtige Borkenschichten. Durch das Dickenwachstum und durch Austrocknung reißen diese Schichten schließlich auf. Je nach Struktur unterscheidet man eine Plattenborke (Platane), Schuppenborke (Berg-Ahorn), Rippenborke (Spitz-Ahorn) und Ringelborke (Vogel-Kirsche).

Oft wird das gesamte vom Kambium nach außen abgeschiedene Gewebe als »Rinde« bezeichnet (also Bast plus Borke), botanisch korrekt sollte der Begriff Rinde allerdings dem noch lebenden Bastteil vorbehalten bleiben.

Das Blatt

Die Blätter dienen der Assimilation der Pflanze. Sie sind trotz unterschiedlicher Form und Größe nach einem einheitlichen Bauplan gestaltet. Ein typisches Laubblatt gliedert sich in ein Ober- und ein Unterblatt. Das Oberblatt besteht aus der Spreite und dem Stiel. Der <u>Blattstiel</u>

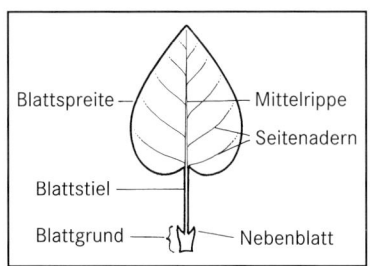

- Blattspreite
- Mittelrippe
- Seitenadern
- Blattstiel
- Blattgrund
- Nebenblatt

Bau eines Laubblattes

kann bisweilen stark reduziert sein oder ganz fehlen (sitzendes Blatt). Das Unterblatt besteht im Wesentlichen aus dem <u>Blattgrund</u>, mit dem das Blatt der Sprossachse ansitzt. Der Blattgrund kann erweitert sein und die Achse scheidenartig umgeben (Blattscheide). Häufig entspringen dem Blattgrund 2 zipfelartige Anhängsel, die <u>Nebenblätter</u> (Stipeln). Wenn ihnen ausschließlich eine Schutzfunktion zukommt (Knospenschutz), sind sie meist klein und hinfällig. Mitunter können sie spreitenartig vergrößert sein. Nebenblätter können mit dem Blattstiel (Rose) oder untereinander verwachsen sein und eine Nebenblattscheide (Stipularscheide) bilden, die die Sprossachse kragenartig umhüllt (Platane). Bisweilen sind sie zu Dornen umgebildet (Robinie).

Ober- und Unterseite der Blattspreite sind meist unterschiedlich gestaltet. Das betrifft auch die Behaarung, die unterseits meist

Achselbärte

intensiver ist. Hier befinden sich zudem oft feine Haarbüschel in den Winkeln zwischen Mittelrippe und Seitenadern, die man als Achselbärte (Domatien) bezeichnet.

Die Spreite ist mit Leitbündeln durchzogen, die dem Wasser- und Stofftransport dienen und sowohl auf der Ober- als auch auf der Unterseite als so genannte »Nerven« oder Adern hervortreten. Meist bilden sie ein charakteristisches Muster. Das größte, in der Symmetrieebene eines Blattes liegende Leitbündel wird als Mittelrippe oder Haupt»nerv« bezeichnet.

Blätter und Blattränder sind unterschiedlich geformt. Die Spreite kann ungegliedert, mehr oder weniger tief eingeschnitten bzw. gebuchtet oder aber aus einzelnen Blättchen, den Fiedern, zusammengesetzt sein (die wichtigsten, auch in den Artbeschreibungen verwendeten Begriffe sind in den Grafiken dargestellt).

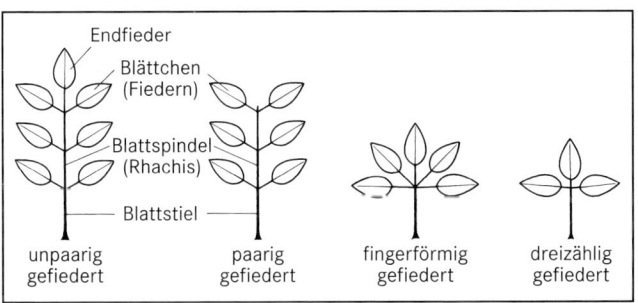

Endfieder
Blättchen (Fiedern)
Blattspindel (Rhachis)
Blattstiel

| unpaarig gefiedert | paarig gefiedert | fingerförmig gefiedert | dreizählig gefiedert |

Fiederblätter

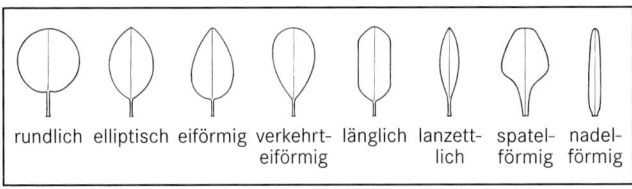

| rundlich | elliptisch | eiförmig | verkehrt-eiförmig | länglich | lanzett-lich | spatel-förmig | nadel-förmig |

Spreitenformen

Spreitenränder

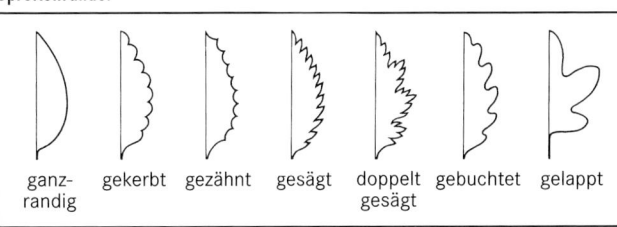

| ganz-randig | gekerbt | gezähnt | gesägt | doppelt gesägt | gebuchtet | gelappt |

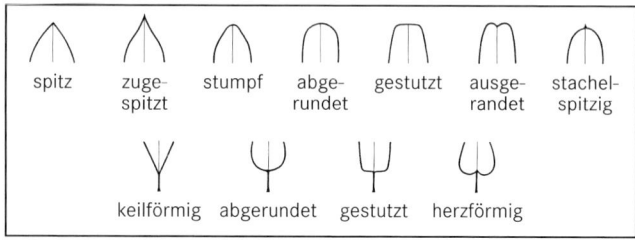

Spreitenende und Spreitengrund

Laubblätter haben eine unterschiedlich lange Lebensdauer. Bei den sommergrünen oder laubwerfenden Gehölzen ist sie auf eine Vegetationsperiode beschränkt. Immergrüne Gehölze tragen auch im Winter funktionstüchtige Blätter. Ihre Lebensdauer kann, insbesondere bei Nadelgehölzen, einige bis viele Jahre betragen. Eine Zwischenstellung nehmen die so genannten wintergrünen Gehölze ein: Ihre Blätter überwintern zwar, sterben jedoch in der Regel nach dem Laubaustrieb zu Beginn einer neuen Vegetationsperiode ab, sodass der Laubfall bei ihnen im Frühjahr erfolgt.

Der Blattaustrieb beginnt in der Regel mit Beginn der neuen Vegetationsperiode und ist bald darauf abgeschlossen. Bei Junggehölzen und Schösslingen von Bäumen und Sträuchern kann sich die Blattbildung bis zum Spätsommer oder Herbst erstrecken. Einige Laubgehölze, z. B. Eichen, haben im Juni einen zweiten Blattaustrieb an den so genannten Johannistrieben. Auch Kahlfraß durch Insekten kann zu einem neuen, verspäteten Laubaustrieb führen (z.B. Eichen, Spindelstrauch).

Blätter sitzen der Sprossachse an den Knoten in einer bestimmten Ordnung an. Ist am Knoten nur jeweils 1 Blatt inseriert und sind die Blätter rings um die Sprossachse in mehreren Längszeilen angeordnet, so ist die Blattstellung schraubig (spiralig) oder wechselständig. Eine zweizeilige Beblätterung kommt zustande, wenn die Blätter zwar einzeln am Knoten aber in nur 2 Längszeilen im Abstand von 180° angeordnet sind. Gegenständigkeit liegt vor, wenn sich an einem Knoten 2 Blätter gegenüber stehen, wobei die Blätter aufeinanderfolgender Knoten um jeweils 90° versetzt sind (Kreuzgegenständigkeit). Von wirteliger Blattstellung schließlich spricht man, wenn pro Knoten mindestens 3 Blätter ansitzen. Zu Scheinwirteln kann es kommen, wenn die Zwischenknotenabschnitte der Sprossachse abschnittsweise stark verkürzt sind und die Blätter dadurch dicht beieinander stehen.

Die Blattstellung ist für jede Pflanzenart festgelegt. Im Laufe der Sprossentwicklung kann sie sich jedoch (genetisch festgelegt) ändern.

Unter Beibehaltung der fixierten Blattstellung kommt es häufig zu einer anderen Ausrichtung der Blattspreiten. So sind die schraubig angeordneten Nadelblätter der Eibe und Tanne an waagerecht stehenden Sprossen in einer Ebene in 2 Scheinzeilen ausgerichtet. Wir sprechen in einem solchen Falle von einer Scheitelung der Blätter.

Die Wurzel

Die aus einer schon im Embryo angelegten Keimwurzel hervorgegangene Primärwurzel bildet im Laufe ihres Wachstums und durch
Verzweigungen ein Wurzelsystem aus. Dieses versorgt die Pflanze
mit Wasser und mineralischen Nährstoffen und verankert die Pflanze gleichzeitig im Erdreich.

Mitunter können auch an der Sprossachse Wurzeln entspringen, so
genannte sprossbürtige Wurzeln. Diese dienen der Ernährung der
Pflanze, wenn sie in den Erdboden gelangen oder ermöglichen als
Haftorgan die Befestigung der Sprossachse an einer Unterlage. Im
letzteren Falle sind sie zwar kurzlebig, gewährleisten der Pflanze
aber auch im abgestorbenen Zustand über viele Jahre hinweg einen
festen Halt (Efeu).

Bei manchen Pflanzen können an den Wurzeln auch Sprossknospen
entstehen, die austreiben und über der Erdoberfläche neue Pflanzen
bilden, wenn der Kontakt zur Mutterpflanze unterbrochen wird.
Manche Gehölze können sich so vegetativ großflächig ausbreiten
(Sanddorn, Pappeln). Die Wurzeln selbst tragen niemals Blätter.

Bewurzelungstiefe und Gehölzgröße müssen in keinem direkten
Verhältnis zueinander stehen. Manche Bäume dringen mit einer
Pfahlwurzel bis in mehrere Meter Tiefe vor (Wald-Kiefer, Eichen).
Bei anderen Gehölzen wachsen die Wurzeln weitstreichend flach,
ohne größere Tiefe zu erreichen (Fichte). Selbst über 80 m hohe
Mammutbäume wurzeln meist nur 1 m tief und dringen kaum mehr
als 3 m in das Erdreich ein. Dass solche Bäume dennoch standfest
sind, haben Mammutbäume bei den Orkanen der letzten Jahre auch
in Mitteleuropa bewiesen. Es gab keine Entwurzelungen.

Nicht selten kommt es bei Bäumen zu Wurzelverwachsungen zwischen verschiedenen Individuen einer Art. Bekannt sind solche
unterirdischen Verbindungen vor allem von Fichten und Feld-Ulmen.

Mycorrhiza

Bei Laub- und Nadelbäumen leben die Wurzeln häufig in Symbiose
mit Pilzen (Mycorrhiza). Bei einer solchen Symbiose können mehrere Pilzarten beteiligt sein. Mitunter ist es auch nur eine einzige Art,
die zur Symbiose mit einer Gehölzart befähigt ist (z. B. Birkenpilz
mit Birke, Goldröhrling mit Lärche). Andere Mycorrhiza-Pilze sind
Täublinge, Milchlinge, Röhrlinge und Fliegenpilzverwandte.

Das Gehölz bezieht vom Pilz Wasser, Mineralsalze, Stickstoff- und
Phosphorverbindungen. Der Pilz hingegen erhält vom Baum vor
allem Kohlenhydrate.

Man unterscheidet 2 Formen der Mycorrhiza: Umgeben die Pilz-
hyphen die Baumwurzeln nur als dichtes Geflecht und dringen
lediglich in die Zellzwischenräume (Interzellularen) ein, so liegt
eine Ectomycorrhiza vor. Eine Endomycorrhiza herrscht hingegen
vor, wenn die Hyphen in die Rindenzellen der Wurzel eindringen.

Eine Schädigung der Pilzsymbionten kann für die Gehölze von erheblichem Nachteil sein. Viele umweltbedingte Waldschäden lassen sich auf eine Störung dieser Symbiose zurückführen.

Symbiosen ganz anderer Art begegnen uns bei den Schmetterlingsblütlern (Fabaceae). Hier ist der Symbiont ein Bakterium *(Rhizobium),* das an der Wurzel Anschwellungen (»Knöllchen«) hervorruft, in denen es lebt. Diese Bakterien vermögen Luftstickstoff zu binden. Erlen schließlich leben mit Strahlenpilzen (Actinomyceten) in Symbiose. Auch diese verursachen die Bildung von »Knöllchen« und führen der Pflanze Stickstoff zu.

Die Verzweigung

Die Sprossachse der Gehölze ist in der Regel verzweigt. Alle Verzweigungen gehen aus Knospen hervor. Knospen befinden sich an der Sprossspitze oder werden seitlich in den Achseln der Blätter angelegt. Man unterscheidet daher <u>End-</u> und <u>Seiten- oder Achselknospen</u>. Mitunter entstehen in den Blattachseln noch zusätzliche, meist kleinere Knospen (Brombeere). Es sind die Beiknospen.

Knospen sind in ihrem Inneren kompliziert gebaute Organe. Ihre Anlegung erfolgt schon sehr frühzeitig, selten erst im Spätsommer oder Herbst. Nicht alle Seitenknospen entfalten sich. Sie können aber über Jahre oder Jahrzehnte hinweg lebens- und entwicklungsfähig sein.

Bei zahlreichen Gehölzarten können Endknospen auch fehlen oder degenerieren. Die Verlängerung eines Sprosses erfolgt dann durch eine spitzennahe Seitenknospe (Weide).

Winterknospen sind meist von besonderen <u>Knospenschuppen</u> (Tegmenten) bekleidet, die die jungen Blattanlagen und den Sprossvegetationspunkt vor Verdunstung und mechanischer Beschädigung bewahren. Durch Sprossstauchung, d. h. noch nicht gestreckte Zwischenknotenabschnitte, liegen die Schuppen (und jungen Blattanlagen) eng beieinander und decken sich. Die Anzahl der Schuppen ist bei den Gehölzarten unterschiedlich: Weiden haben nur 1 Knospenschuppe, Buchen und Eichen viele.

Bei der Sprossentfaltung fallen die Knospenschuppen einzeln oder als Mütze verbunden ab (Tanne). Manchmal verbleiben sie auch ganz (Eibe) oder teilweise (Fichte) am Spross und verwittern. Reste und Narben von Knospenschuppen markieren deutlich die jeweiligen Jahresabschnitte eines Sprosses.

Bisweilen fehlen spezielle Knospenschuppen (nackte Knospen). Den Knospenschutz übernehmen dann junge, in der Entfaltung gehemmte Laubblätter, die sich aber mit Beginn der neuen Vegetationsperiode zu mehr oder weniger normalen Laubblättern entfalten (Wolliger Schneeball).

Da die Orientierung der Seitenknospen ursächlich von der Blattstellung abhängt, sind später auch die aus ihnen hervorgegangenen

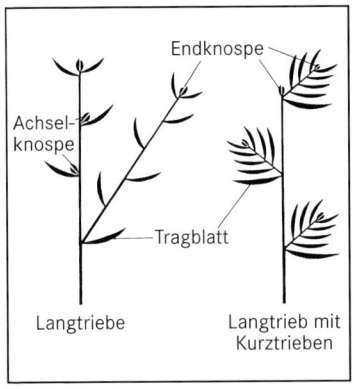

Verzweigungsformen

Endknospe

Achsel-knospe

Tragblatt

Langtriebe

Langtrieb mit Kurztrieben

Sprosse entsprechend orientiert. Es entsteht so ein ganz bestimmtes Sprossgefüge.

Die neu entstehenden Sprosse können fast gleich gestaltet sein oder aber deutlich voneinander abweichen. Bei Streckung der Zwischenknotenabschnitte stehen die Blätter mehr oder weniger weit entfernt. Es bilden sich längere Sprossabschnitte, so genannte Langtriebe. Durch ein gehemmtes Längenwachstum der Internodien können jedoch auch Seitensprosse entstehen, deren Blätter rosettenartig dicht angeordnet sind. Man bezeichnet solche Sprosse als Kurztriebe. Sie bilden entweder nur ein einziges Mal (Kiefer) oder über Jahre hinweg (Lärche, Zeder) neue Blätter. Selbst mehrjährige Kurztriebe erreichen oft nur wenige Millimeter Länge. Gelegentlich wachsen Kurztriebe zu Langtrieben aus. Bei vielen Gehölzen entstehen Blüten ausschließlich an Kurztrieben (Kirsche). Gehölze mit obligatorischen Lang-Kurztrieb-Dimorphismus erlangen ein recht charakteristisches Aussehen (Lärche, Ginkgobaum).

Sprosse sind mitunter stark abgewandelt. Stellt ein junger Spross sein Dickenwachstum unter starker Verholzung allmählich ein und stirbt am Ende ab, bildet sich ein Dorn. Dornen können sowohl an Haupt- als auch an den Seitentrieben entstehen. Es gibt einfache und verzweigte Dornen. Eine Verdornung kann sich auch auf die Blätter erstrecken, bei denen dann die Spreite stark reduziert ist (Berberitze). Bei anderen Gehölzen verdornen nur Blattteile, so bei der Robinie die Nebenblätter (vgl. Grafik). Mitunter treten an Sprossen dornartige Auswüchse auf. Sie gehen aus Rindengewebe hervor und werden als Stacheln bezeichnet (Rose).

Dornen

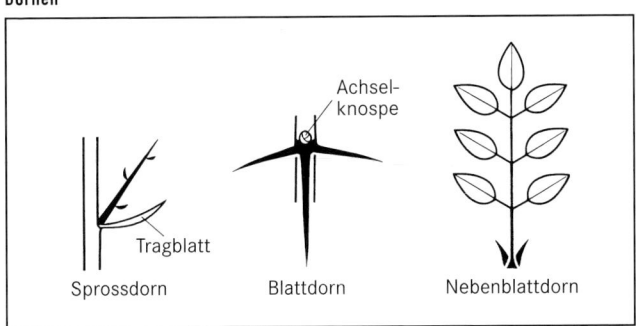

Tragblatt

Sprossdorn

Achsel-knospe

Blattdorn

Nebenblattdorn

Seitensprosse können auch der vegetativen Verbreitung dienen. Bei der Brombeere legen sich die bogenartig wachsenden Sprosse mit der Spitze dem Erdboden auf und bewurzeln. Durch spätere Sprossisolierung entstehen selbstständige Pflanzen.

Seitensprosse sind auch die <u>Ausläufer</u>. Sie entstehen bei Gehölzen unterirdisch und sind meist waagerecht orientiert. An ihrem Ende entwickeln sich aufrechte, oberirdische Sprosse (Himbeere).

Die Wuchsform

Gehölze treten in 2 Grundformen auf: als Baum und Strauch. <u>Bäume</u> sind meist einstämmige Gehölze, die sich erst in einiger Entfernung vom Boden verzweigen und eine Krone bilden. Sie sind in der Regel größer als 5 m.

Das Verhältnis von Stamm zu Krone und die Kronenform sind standortabhängig. Im Freistand sind Bäume tiefer beastet als im Bestand. Sie verfügen über eine größere und wohlausgebildete Krone. Stehen 2 Bäume der gleichen Art dicht beieinander, so bilden sie von der Form her eine gemeinsame Krone, die der eines Einzelbaumes gleicht. Im Wald hingegen verfügen Bäume meist nur über eine kleine und kürzere Krone, die mit denen umstehender Bäume das <u>Kronendach</u> des Waldes ergibt. Gleichaltrige Bäume einer Art bilden ein sehr einheitliches Kronendach, wie wir das von unseren Forsten her kennen. Da die unteren Zweige infolge Lichtmangels bald absterben, bilden sich mehr oder weniger lange Stammschäfte.

Obwohl die meisten Gehölze eine für ihre Art charakteristische Kronenform aufweisen, ist eine Identifizierung im laublosen Zustand nicht immer ganz einfach. Anders als die krautigen Pflanzen hat nämlich jeder Baum eine stark individuell geprägte Form. Die auf dieser Doppelseite abgebildeten <u>Baumsilhouetten</u> sind daher nicht absolut zu sehen, sondern sollen charakteristische Formen und Unterschiede veranschaulichen.

Die vom Stamm abgehenden, ersten großen Verzweigungen bezeichnen wir als Äste. Sie wiederum verzweigen sich, je nach Gehölzart, wiederum sehr stark (Linde, Ulme) oder nur mäßig (Esche). Demzufolge sind die Endverzweigungen sehr dünn oder dick.

Zu einer Stamm- und Kronenbildung kommt es, weil die Knospen bei baumförmigen Gehölzen im Spitzenbereich stärker gefördert und damit größer sind als an der Basis. Dieses Verhalten lässt sich auch an allen Jahrestrieben feststellen (vgl. Grafik).

Tanne

Fichte

Typische Silhouetten von Nadelbäumen

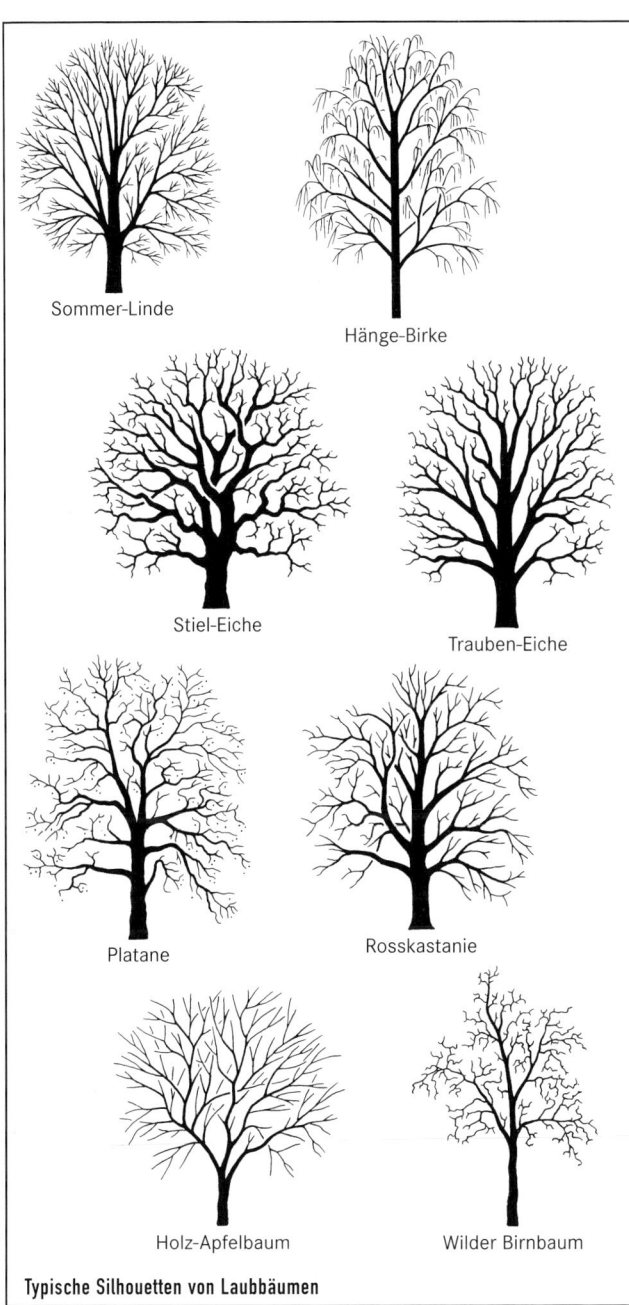

Sommer-Linde

Hänge-Birke

Stiel-Eiche

Trauben-Eiche

Platane

Rosskastanie

Holz-Apfelbaum

Wilder Birnbaum

Typische Silhouetten von Laubbäumen

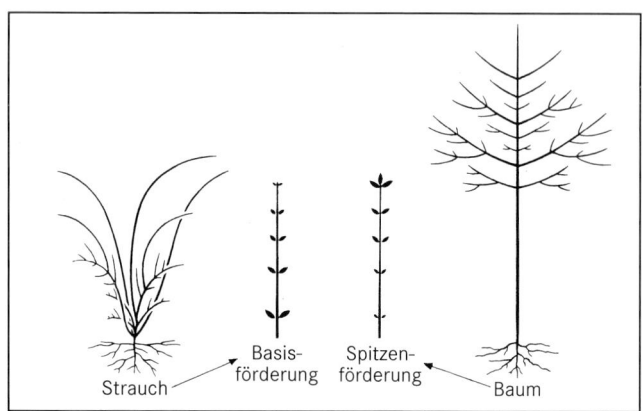

Strauch · Basis-förderung · Spitzen-förderung · Baum

Knospenförderung und Wuchsformen der Gehölze

Heimische Bäume werden 35–40 m hoch. Fichten und Tannen können auch 50 m erreichen. In Nordamerika wachsen mehrere Baumarten, die über 50 m hoch werden können (Douglasien, Lebensbäume). Die Gebirgsmammutbäume *(Sequoiadendron)* erreichen Höhen von über 80 m. Vom Küstenmammutbaum *(Sequoia)* sind über 100 m hohe Exemplare bekannt!

Bei den Sträuchern liegen andere Verhältnisse vor. Hier erfahren die untersten Knospen eines Sprosses besondere Förderung, die Größe nimmt nach oben meist kontinuierlich ab. Findet die Verzweigung eines Baumes bis ins hohe Alter meist nur im Kronenbereich statt, erreichen die Zweige der meisten Sträucher nur ein begrenztes Alter. Jährlich entspringen am oder im Boden neue Rutensprosse, die in einem Jahr mehrere Meter Länge erreichen können und sich erst im 2. Jahr verzweigen, während ältere Zweige gleichzeitig bis zum Boden absterben (Hasel).

Sträucher lassen sich nach Größe und Wuchsform näher klassifizieren. Erreichen sie nur eine maximale Höhe von 0,5 m bezeichnet man sie als Zwergsträucher. Bisweilen sind bei ihnen die Zweige dem Erdboden oder Gestein angeschmiegt. Man nennt sie dann Spalliersträucher. Kleinsträucher werden bis 2 m groß, Großsträucher kaum mehr als 5 m. Diese Einteilung erfolgt nach praktischen Gründen. In der Natur lassen sich zahlreiche Ausnahmen und Übergänge beobachten.

Ist die Sprossachse bei Sträuchern zwar verholzt, aber dennoch nicht befähigt aufrecht zu stehen, so sprechen wir von Klettersträuchern oder Lianen. Sie bedürfen stets einer Stütze in Form eines Baumes, Großstrauches oder Felsens.

Viele Lianen haben besondere Kletterorgane in Gestalt von Ranken (Waldrebe) und Wurzeln (Efeu) ausgebildet oder sie vermögen durch Winden der Sprossachse emporzuwachsen und sich dauerhaft zu befestigen (Wald-Geißblatt).

Blüte und Blütenstand

Bei aller Vielgestaltigkeit lassen sich die Blüten der Laubgehölze auf eine allgemeine Grundform zurückführen: Sie bestehen normalerweise aus der Blütenhülle, den Staub- und den Fruchtblättern.

Die <u>Blütenhülle</u> kann aus gleichartigen Elementen (Tepalen) bestehen, die dann in ihrer Gesamtheit ein <u>Perigon</u> bilden. Meist ist die Blütenhülle jedoch in einen <u>Kelch</u> und eine <u>Krone</u> gegliedert. Während der Kelch meist unscheinbar ist, sind die Kronblätter ansehnlich gefärbt. Seltener ist die Blütenhülle einfach (Seidelbast). Solche auffälligen Blüten sollen bestäubende Insekten anlocken. Die Kelch- und Kronblätter können jeweils untereinander mehr oder weniger stark verwachsen sein. Im Kronenbereich entstehen so unterschiedlich große <u>Kronröhren</u>, an deren Säumen die <u>Kronzipfel</u> ansitzen.

Bei windblütigen Pflanzen ist die Blütenhülle oft unscheinbar oder fehlt auch ganz (<u>nackte Blüten</u>).

Die <u>Staubblätter</u> (Stamina) gliedern sich in einen <u>Staubfaden</u> und die <u>Staubbeutel</u> mit den Pollensäcken. Ihre Anzahl und Anordnung in der Blüte ist artspezifisch. Neben funktionstüchtigen, also Pollen produzierenden Staubblättern, kommen bisweilen auch unfruchtbare Staubblätter (Staminodien) vor. Sie können mitunter eine kronblattartige Gestalt annehmen.

Die <u>Fruchtblätter</u> (Karpelle), in Ein- oder Mehrzahl vorhanden, stehen im Zentrum der Blüte. Sie können der Blütenachse einzeln und frei ansitzen oder aber untereinander zu einem <u>Stempel</u> (Pistill) verwachsen sein. Der basale Teil freier oder miteinander verwachsener Fruchtblätter wird als <u>Fruchtknoten</u> (Ovar) bezeichnet. In ihm reifen die <u>Samenanlagen</u> (in Ein- oder Mehrzahl) heran. Nach oben verjüngt sich der Fruchtknoten in einen mehr oder weniger langen <u>Griffel</u>. Ihm sitzt eine <u>Narbe</u> auf, die den Pollen aufnimmt.

Blüten bilden häufig <u>Nektar</u>. Dieser wird in besonderen Nektardrüsen gebildet, die zu Nektarien vereinigt sind. Funktionstüchtige Nektarien kommen auch außerhalb der Blüte vor (extraflorale Nektarien). Bei Kirschen beispielsweise finden wir sie am Spreitengrund oder am Blattstiel.

Blütenbau

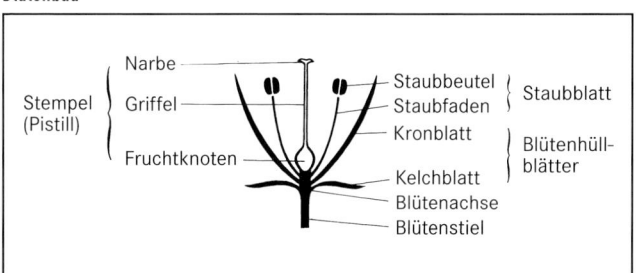

Blüten lassen sich nach ihren <u>Symmetrieverhältnissen</u> klassifizieren. Eine strahlige oder (actinomorphe) Blüte liegt vor, wenn man durch sie mehrere Symmetrieebenen legen kann. Sind nur 2 Symmetrieebenen möglich, handelt es sich um eine zweiseitig-symmetrische oder bilaterale Blüte. Lassen sich Blüten nur durch eine Symmetrieebene in spiegelbildlich gleiche Hälften zerlegen, bezeichnet man sie als monosymmetrisch oder zygomorph.

Auch hinsichtlich der Geschlechtsverhältnisse ergeben sich Unterschiede: Hat eine Blüte sowohl funktionstüchtige Staub- als auch Fruchtblätter, nennt man sie <u>zwittrig</u>. Enthält sie nur Staub- oder Fruchtblätter, ist sie <u>eingeschlechtig</u>, entweder männlich (staminat) oder weiblich (karpellat).

Nicht selten treten besonders ansehnliche Blüten auf, die weder funktionstüchtige Staub- noch Fruchtblätter aufweisen (sterile Blüten). Sie dienen der Anlockung von Insekten, haben also eine Schaufunktion und kommen natürlicherweise nur in Verbindung mit funktionstüchtigen, aber kleinen oder unscheinbaren Blüten vor (Gemeiner Schneeball).

Pflanzen die, wie Birken und Eichen, männliche <u>und</u> weibliche Blüten tragen, heißen <u>einhäusig</u>. Hat ein Gehölz nur Blüten eines Geschlechts, so sind die Blüten, wie bei Pappeln und Weiden, <u>zweihäusig</u> verteilt. Treten neben zwittrigen auch eingeschlechtliche Blüten an einem Gehölz auf, liegt Vielehigkeit vor (Gemeine Esche).

Wichtig ist die Stellung des Fruchtknotens in einer Blüte (vgl. Grafik). Entspringen die Blütenhüll- und Staubblätter unterhalb des Fruchtknotens, so ist dieser <u>oberständig</u>. Wenn der Fruchtknoten von einer verlängerten Blütenachse umhüllt wird, der oben die Blütenhüllblätter und Staubblätter aufsitzen, ist er <u>unterständig</u>. Mittelständigkeit liegt vor, wenn der Fruchtknoten frei in einem Blütenbecher steht (z. B. Kirsche).

Abgesehen von Einzelblüten, sind die Blüten in besonderen Ständen angeordnet, die bei den jeweiligen Pflanzenfamilien ein charakteristisches Aussehen haben. Die Mannigfaltigkeit solcher Blütenstände ist groß, ihr Bau oft recht kompliziert. Generell können wir zwischen einfachen und zusammengesetzten Blütenständen unterscheiden. Bei den einfachen Blütenständen sitzen die Blüten der Blütenstandsachse unmittelbar an (Traube, Ähre, Dolde, Köpfchen). Ein zusam-

Stellung des Fruchtknotens

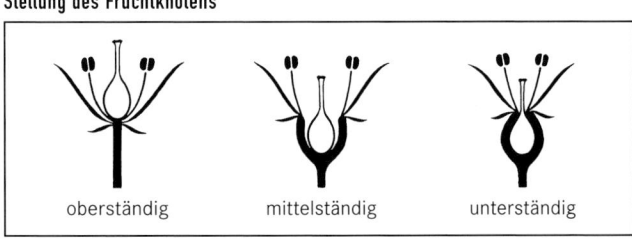

oberständig   mittelständig   unterständig

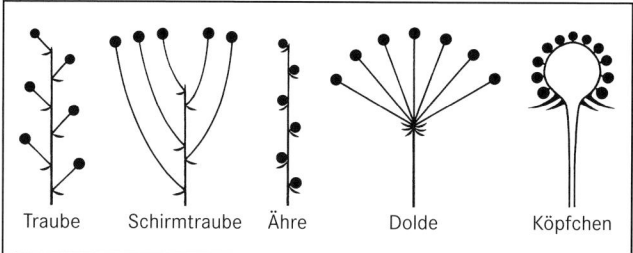

Einfache Blütenstände

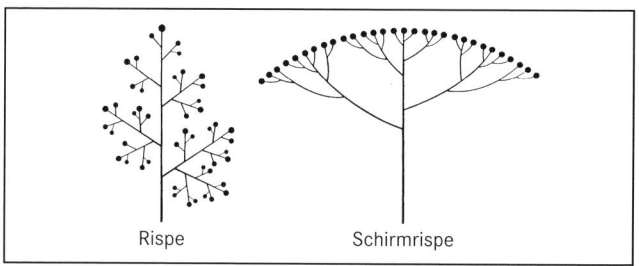

Zusammengesetzte Blütenstände

mengesetzter Blütenstand hingegen ist aus Teilblütenständen zusammengesetzt. Die wichtigsten Blütenstandstypen sind als Grafik dargestellt.

Die Blüten der Nadelgehölze sind meist unscheinbar. Ihnen fehlt eine auffällige Blütenhülle. Die Blüten sind stets eingeschlechtig. Die Pollenübertragung erfolgt durch den Wind. Pollen wird in großen Mengen gebildet und kann oft sehr lange in der Luft schweben. Das gute Schwebevermögen wird bei manchen Nadelgehölzen (Kiefer) durch besondere Luftsäcke ermöglicht.

Die männlichen Blüten haben viele Staubblätter und sind entweder kugelförmig (Eibe) oder kätzchenartig (Kiefer, Tanne). Die weiblichen Blüten sind – mit Ausnahme der Eibe, bei der sie einzeln in den Blattachseln stehen – in zapfenartigen Ständen gruppiert. Die Blüten entspringen der Achsel eines Tragblattes, das später heran-

Deck- und Samenschuppe bei der Weiß-Tanne

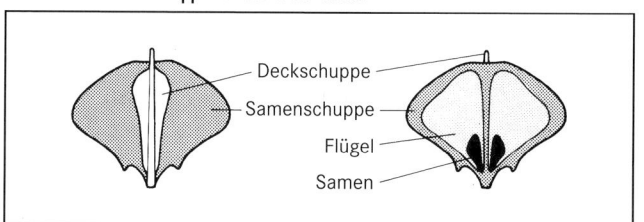

wächst und verholzt (Deckschuppe). Jede Blüte besteht aus nur 1 Schuppe (mit »nackten« Samenanlagen), die zur Blütezeit weich und zart ist, später heranwächst und verholzt (Samenschuppe). Deck- und Samenschuppe können mehr oder weniger miteinander verbunden oder zu Komplexschuppen verwachsen sein (siehe Grafik). Bei Fichte, Lärche, Kiefer und Tanne trägt eine Samenschuppe 2 Samenanlagen, beim Wacholder nur 1, beim Mammutbaum mehrere. Der Zeitraum zwischen Bestäubung und Befruchtung beträgt bei der Fichte und Tanne nur wenige Wochen, bei der Kiefer jedoch 1 Jahr.

Die Frucht

Als Frucht bezeichnet man eine Blüte im Zustand der Samenreife. An ihrem Aufbau können neben den Fruchtblättern auch die Blütenachse oder Teile von ihr sowie der Kelch beteiligt sein. Eine Einzelfrucht geht aus nur 1 Fruchtknoten hervor. Dieser Fruchtknoten kann jedoch aus mehreren Fruchtblättern entstanden sein. Sind die Fruchtblätter in Mehrzahl vorhanden und nicht miteinander verwachsen, so liegt eine Sammelfrucht vor. Sie besteht aus einzelnen Früchtchen.

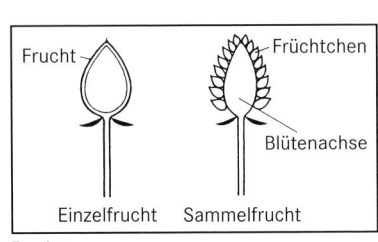

Fruchttypen

Mindestens bis zur Reife sind die Samen von einer Fruchtwand eingeschlossen. Der von der Fruchtwand umgebene Raum kann ein einheitlicher Hohlraum oder durch Scheidewände in mehrere Fruchtfächer aufgeteilt sein. Bleiben die Früchte über die Samenreife hinaus geschlossen, so handelt es sich um **Schließfrüchte**. Je nach Bau und Struktur der Fruchtwand unterscheidet man verschiedene Formen: Bei einer Nuss ist die gesamte Fruchtwand verholzt (Haselnuss). Mitunter sind Nüsse auch geflügelt (Birke, Esche). Verholzt

Schließfrüchte

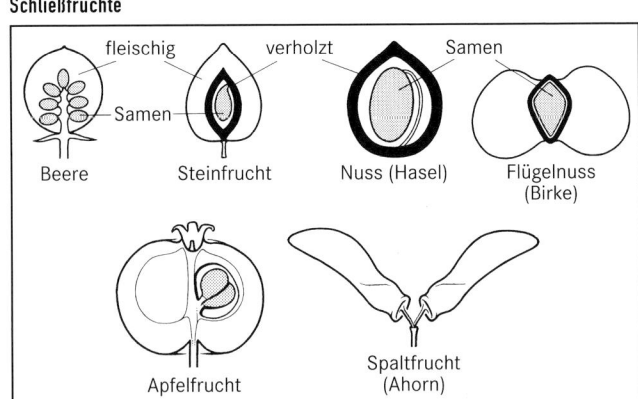

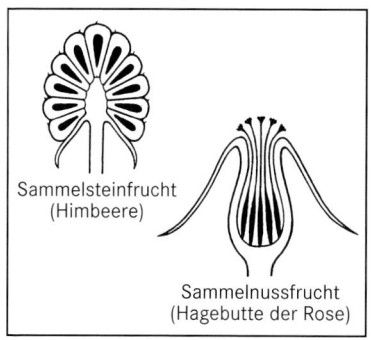

Sammelsteinfrucht
(Himbeere)

Sammelnussfrucht
(Hagebutte der Rose)

Sammelfrüchte

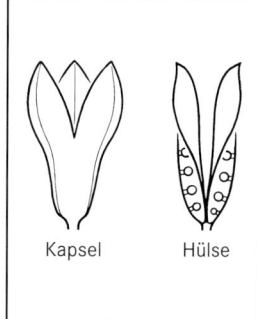

Kapsel   Hülse

Springfrüchte

nur der innere Fruchtwandteil (»Kern«) und nimmt der äußere eine fleischig-lederige (Walnuss) oder saftig-fleischige Beschaffenheit an (Kirsche), handelt es sich um eine Steinfrucht. Eine Beere entsteht, wenn die Fruchtwand einheitlich fleischig wird. Beeren und Steinfrüchte können mitunter täuschend ähnlich sein. Bei einer Apfelfrucht geht der fleischige Fruchtteil aus dem Gewebe der Blütenachse hervor, in das die Fruchtblätter eingebettet sind.

Spaltfrüchte zerfallen zur Reife zwar in einzelne Fruchtteile, doch bleiben die Samen von der verfestigten Fruchtwand umschlossen (Ahorn).

Auch bei **Sammelfrüchten** können die Früchtchen nussartig, steinfruchtartig oder beerenartig ausgebildet sein.

Bei **Streu- oder Springfrüchten** werden die Samen zur Reife durch Öffnung der Fruchtwand entlassen. Je nach Öffnungsweise kann man Balgfrüchte, Hülsen, Schoten und Kapseln unterscheiden. Hülsen öffnen sich oft explosionsartig und können dabei die Samen wegschleudern.

Mitunter bleiben die Früchte weit über die Samenreife hinaus am Baum, bisweilen bis in den Winter oder das Frühjahr. Man bezeichnet sie dann als Wintersteher (Eschen-Ahorn).

Auch bei den nacktsamigen Nadelgehölzen entwickeln sich die Samen nur selten frei und ungeschützt (Ginkgobaum). Die Zapfenschuppen liegen fest aufeinander und bilden so eine der Fruchtwand vergleichbare Hülle. Erst wenn die Zapfen austrocknen, spreizen die Zapfenschuppen und entlassen die Samen (Kiefer, Fichte), oder die Zapfen zerfallen (Tanne, Zeder). Beim Wacholder werden die Zapfenschuppen zur Reife fleischig, es entsteht ein beerenartiges Gebilde, der Beerenzapfen.

Bei der Eibe wachsen die Samen nackt und ungeschützt heran. Lediglich zur Reife sind sie von einem saftig-fleischigen Samenmantel (Arillus) umgeben. Samenmäntel werden auch bei Bedecktsamern gebildet (Spindelstrauch).

Alter der Gehölze

Keimung

Die Samen vieler krautiger Pflanzen können über Jahre oder Jahrzehnte im Erdboden verbleiben, ohne dass ihre Keimfähigkeit erlischt. Bei den Gehölzen ist das anders. Weiden verlieren ihre Keimfähigkeit schon nach wenigen Wochen.

Eicheln beginnen zu keimen, sobald sie am Boden liegen und von feuchtem Substrat umgeben sind. Es entwickelt sich jedoch zunächst nur die Wurzel, die den Sämling mit Wasser versorgt und im Erdboden verankert. Die ersten Blätter werden erst im Frühjahr gebildet.

Die Samen anderer Gehölze, wie die des Spitz-Ahorns, keimen im Frühjahr. Da stets alle Samen keimen, können manchmal dichte Keimlingsrasen entstehen. Neben den Keimblättern werden nur 1–2 Blattpaare gebildet. Erst im nächsten Jahr folgen weitere Blätter. Viele der Jungbäume sterben aus Lichtmangel ab, andere können sich über mehrere Jahre am Leben halten, ohne je nennenswert größer zu werden. Nur unter günstigen Lichtverhältnissen, beim Umsturz alter Bäume oder nach Rodungen, setzt bei einigen der Junggehölze ein Längenwachstum ein. In den Wäldern gibt es somit zwar keine Samenbanken, aber ein ausreichendes Sämlingsreservoir.

Lebensalter

Gehölze können ein sehr unterschiedlich hohes Alter erreichen. Die raschwüchsigen Pioniergehölze, Arten also, die schnell neue Lebensräume besiedeln, sind meist kurzlebiger als langsam wachsende

Langlebige Kiefern *(Pinus longaeva)* am natürlichen Standort in den White Mountains von Kalifornien.

Baumarten. Da das Lebensalter eines Gehölzes von sehr vielen Faktoren abhängt, sind Verallgemeinerungen kaum möglich. Dennoch lassen sich Annäherungswerte machen.

Grau-Erlen werden etwa 50 Jahre, Ebereschen 80–100, Zitter-Pappeln, Hänge-Birken und Vogel-Kirschen etwa 100, der Spitz-Ahorn 150, Rot-Buchen und Fichten 200–300, der Berg-Ahorn 500, Arven und Eiben 700–1000 Jahre alt. In Mitteleuropa sollten Altersangaben, die über 1000 Jahre hinausgehen, mit Zurückhaltung betrachtet werden.

Im westlichen Nordamerika gibt es jedoch Nadelgehölze, die mit Sicherheit ein beträchtlich höheres Alter erreichen. Bei Mammutbäumen sind 2500, ganz selten sogar 3200 Jahre durch Jahresringauszählungen belegt. Bei einer Langlebigen Kiefer *(Pinus longaeva)* in den White Mountains von Kalifornien hat man ein Alter von 4600 Jahren nachgewiesen. Es dürfte das älteste Lebewesen auf unserer Erde sein.

Während Altersbestimmungen an Bäumen mittels Jahresringauszählungen sehr genau sind, versagt diese Methode bei Sträuchern, bei denen die einzelnen Stämme irgendwann absterben und durch neue ersetzt werden. Bei der Altersermittlung ist man hier auf die Auswertung von Aussaat- und Pflanzdaten angewiesen.

Vegetationszonen Europas

Das Pflanzenkleid eines Gebietes bezeichnet man als Vegetation, den Gesamtbestand an Pflanzenarten als Flora. In Europa lassen sich 4 Hauptvegetationszonen unterscheiden:

Arktische Zone Temperaturen aller Monate im Mittel unter +10 °C. Vegetationsperiode sehr kurz. An Gehölzen nur Klein- und Zwergsträucher, kein Wald. Nur nördlichstes Europa, Teile Islands und Skandinaviens.

Nadelwaldzone (Boreale Zone) 1–3 Monate mit Mittelwerten über +10 °C. Kurze Sommer, mäßig kalte bis sehr kalte Winter. Wälder mit immergrünen und sommergrünen Nadelgehölzen, nur wenige sommergrüne Laubgehölze (Birken). Nord- und Osteuropa, europäische Hochgebirge.

Laubwaldzone (Nemorale Zone) Mindestens 4 Monate mit Mittelwerten über +10 °C. Winter mit Temperaturen unter –10 °C. Vegetationsperiode lang. Wälder vorwiegend mit sommergrünen Laubgehölzen, daneben aber auch immergrüne Nadelgehölze. Überwiegender Teil West- und Mitteleuropas sowie große Teile Süd- und Osteuropas.

Hartlaubzone (Meridionale Zone) Lange Vegetationsperiode mit lediglich kurzer Ruhezeit. Sommerliche Trockenperiode. Wintertemperaturen bis –10 °C. Immergrüne Laub- und Nadelwälder. Mittelmeergebiet und Südteil der Iberischen Halbinsel.

Höhenstufen

Das Vorkommen eines Gehölzes ist meist auf bestimmte Höhenstufen beschränkt. Die wichtigsten dieser Höhenstufen in Mitteleuropa sind:

Planare Stufe Sie umfasst die ebenen Tieflagen.

Kolline Stufe Die kolline oder Hügellandstufe grenzt nach unten an die Tieflagen und reicht bis etwa 500 m Höhe.

Montane Stufe Die montane oder Bergwaldstufe umfasst die Höhenlagen von 500–1200 m. Hier finden wir vor allem die Laub-, Misch- und Nadelwälder bzw. die Forste unserer Mittelgebirge.

Subalpine Stufe Sie gliedert sich in 2 Höhenstufen:

Die **subalpine Nadelwaldstufe** von 1200–1800 m, d. h. von der Bergwaldstufe bis zur Waldgrenze. In diesem Bereich liegen die natürlichen Hauptvorkommen der Lärche und Arve.

Die **subalpine Krummholzstufe** von 1800–2200 m. In den Nordalpen ist das der Bereich oberhalb der Waldgrenze. Hier wachsen noch Lärchen und Arven, aber auch Legföhren, Grün-Erlen und Alpenrosen.

Alpine Stufe Die alpine oder Hochgebirgsstufe umfasst die Höhenlagen von 2200–2800 m. Hier treffen wir vor allem Kleingehölze wie Alpenrosen, Schnee-Heide und Zwergalpenrose an.

Subalpine Nadelwaldstufe mit Arven und Lärchen.

Nivale Stufe In der Nivalen oder Schneestufe oberhalb von etwa 2800(–3000) m Höhe treten Gehölze, abgesehen von einigen Zwergweiden, kaum noch auf. Für die meisten Gehölze ist hier die Vegetationsperiode zu kurz.

Weichholzauenwald verträgt längere Überflutungen und stockt auf nährstoffreichen Böden.

Waldformen

Auenwald

Waldgesellschaft im Überschwemmungsbereich der Flüsse. Man unterscheidet:

Gebirgs–Weidenauen und **Weidengebüsche** Vor allem im Ober- und Mittellauf der Flüsse. Meist Pioniergesllschaften auf Schotter. Häufige Gehölzarten sind Purpur-Weide *(Salix purpurea)*, Lavendel-Weide *(Salix elaeagnos)* und Sanddorn *(Hippophae rhamnoides)*.

Grauerlenwald Im Ober- und Mittellauf der Flüsse, auf Schotter- und Kiesböden. Vorherrschende Gehölzart ist die Grau-Erle *(Alnus incana)*.

Weichholzauenwald In tieferen Lagen (Mittel- und Unterlauf der Flüsse), wo Überschwemmungen häufig und periodisch auftreten. Die Überflutung erstreckt sich mitunter über einen längeren Zeitraum. Der Grundwasserstand ist wechselnd, die Böden sind durch Schlammablagerung nährstoffreich. Die meist raschwüchsigen Gehölze haben ein weiches Holz. Viele Bäume sind realtiv kurzlebig. Typische Baumarten sind Silber-Weide *(Salix alba)*, Knack-Weide *(Salix fragilis)*, Mandel-Weide *(Salix triandra)*, Schwarz-Erle *(Alnus glutinosa)* und Silber-Pappel *(Populus alba)*.

Hartholzauenwald Ebenfalls im Mittel- und Unterlauf der Flüsse, jedoch auf höheren Standorten, im Spitzenhochwasserbereich gelegen und dadurch seltener bzw. nur kurzzeitig überflutet. Artenreicher als die Weichholzaue. Gehölze mit längerer Lebensdauer und meist hartem Holz. Dichte Krautschicht. Vorherrschende Gehölze sind Feld-Ulme *(Ulmus laevis)*, Gemeine Esche *(Fraxinus excelsior)*, Stiel-Eiche *(Quercus robur)*, Spitz-Ahorn *(Acer platanoides)*, Winter-Linde *(Tilia cordata)* und Trauben-Kirsche *(Prunus padus)*.

Bruchwald

Gleichbleibend hoher Grundwasserstand während des gesamten Jahres nahe der Erdoberfläche. Boden reich an organischer Substanz. Überschwemmungen führen zu keiner Schlammablagerung bzw. Anreicherung mit Nährstoffen. Artenarme Krautschicht. Vorherrschendes Gehölz ist die Schwarz-Erle *(Alnus glutinosa)*, Begleitarten sind Moor-Birke *(Betula pubescens)* und Ohr-Weide *(Salix aurita)*.

Moorwald

Wälder im Bereich von Hochmooren und Niedermooren. Im Hochmoorbereich nur auf organischem Material (Moos oder Torf) stockend. Extrem nährstoffarme Substrate. Gehölze im zentralen Hochmoorbereich sind Wald-Kiefer *(Pinus sylvestris)*, Gemeine Fichte *(Picea abies)* und Moor-Birke *(Betula pubescens)*. Der jährliche Zuwachs der Gehölze ist sehr gering und nur im Randmoorbereich größer.

Hochwald

Hochstämmiger Wald mit geschlossenem Kronendach. In Mitteleuropa meist Nutzwald. Die Artenzusammensetzung ist abhängig

Da in einem reinen Laubwald nach dem Laubaustrieb nur sehr wenig Licht den Boden erreicht, ist die Hauptvegetations- und Blütezeit der Kräuter im Frühling – hier Busch-Windröschen.

Lichter Buchen-Hochwald mit reicher Krautschicht.

von der Höhenlage, den Bodenverhältnissen und der Niederschlags-
menge. Gehölzarten im Reinbestand (z. B. Buche, Eiche, Fichte,
Kiefer), als Laubmischwald (z. B. Eichen-Hainbuchen-Wald, Eschen-
Ahorn-Ulmen-Wald), Mischwald (z. B. Buchen-Tannen-Wald) oder
Nadelmischwald (z. B. Tannen-Fichten-Wald). Hochwaldforste weisen
meist einen gleichaltrigen Baumbestand auf. Die Krautschicht ist je
nach Nährstoffgehalt und Bestandsdichte artenarm bis artenreich.

Mittelwald

Form eines Wirtschaftswaldes, der zwischen Hochwald und Niederwald steht. Bewirtschaftung auf gleicher Fläche wie im Hoch- und
Niederwald.

Niederwald

Form eines Wirtschaftswaldes, in dem die Bäume alle 10–40 Jahre
gefällt werden (so genannte Umtriebszeit). Regeneration des Waldes
nach meist flächigem Holzeinschlag nicht durch Nachpflanzung
oder Naturverjüngung, sondern aus Stockausschlägen. Die meisten
Bäume sind daher mehrstämmig. Nutzung zur Brennholzgewin-
nung, als Eichenschälwald zur Gewinnung von Gerberrinde, als
Kastanienwald zur Gewinnung von Rebstecken.

Plenterwald

Form eines Wirtschaftswaldes (Hochwaldes), in dem alle Altersstu-
fen von Bäumen auf der gleichen Fläche vorkommen. Fällen stets
nur einzelner Bäume oder Baumgruppen zur Nutzholzgewinnung
(Bau-, Möbel- und Furnierholz). Das Artengefüge ist daher über
lange Zeiträume gleichbleibend. Regeneration durch Selbstaussaat
(Naturverjüngung) ohne Eingriff des Menschen.

Schluchtwald

Wälder in Engtälern oder absonnigen Lagen mit meist hoher Luftfeuchtigkeit. Vorwiegend in der montanen Höhenstufe auf nährstoffreichen Böden. Dichte und artenreiche Krautschicht. Typische Gehölze sind Berg-Ulme *(Ulmus glabra)*, Spitz-Ahorn *(Acer platanoides)*,
Berg-Ahorn *(Acer pseudoplatanus)* und Winter-Linde *(Tilia cordata)*.

Steppenwald

In Mittel- und Südosteuropa vor allem im Donauraum (von Wien bis
zur Donaumündung). Auf fruchtbaren Lössböden stockend. Einstige
Flächen heute weitgehend ackerbaulich genutzt. Sehr artenreich.
Charakteristische Gehölze sind Tataren-Ahorn *(Acer tataricum)*, Hopfenbuche *(Ostrya carpinifolia)*, Manna-Esche *(Fraxinus ornus)*, Weichsel-Kirsche *(Prunus mahaleb)* und Pimpernuss *(Staphylea pinnata)*.

Zum Arbeiten mit diesem Buch

Die Hauptgruppen

Der Bestimmungsteil des Buches ist unterteilt in 13 Hauptgruppen,
die jeweils durch eine Leitfarbe und ein Piktogramm (Symbol)
gekennzeichnet sind. Der Benutzer sollte sich zunächst mit diesem
System vertraut machen, das in der Kolumne, also der ersten Zeile
oben auf jeder Seite, stichwortartig erklärt wird. Es sollte rasch
jedem Benutzer möglich sein, wenn er eine unbekannte Art sucht,
auf Anhieb zu erkennen, in welcher Gruppe und damit unter welcher Leitfarbe er die unbekannte Art finden kann.

Die Hauptgruppen umfassen sowohl Nadelgehölze (alle Gruppen mit
grüner Leitfarbe) als auch Laubgehölze. Von Letzteren wurden die
Zwergsträucher unter 50 cm Wuchshöhe abgetrennt (braune Leitfarben). Innerhalb der höherwüchsigen Laubgehölze werden die
Leitgruppen zunächst nach der Blattform unterschieden, die von
jedem leicht erkannt werden kann:
    ganzrandig (rote Leitfarben),
    gesägt oder gezähnt (lila Leitfarben),
    gelappt oder gebuchtet (orangene Leitfarben) und
    gefiedert (blaue Leitfarben).

Schließlich muss noch die Stellung der Blätter am Stängel berücksichtigt werden: gegenständig oder wechselständig. Das ist meist auf Anhieb zu erkennen, nur in wenigen Fällen, bei denen die Blätter sehr dicht stehen, muss man etwas genauer hinsehen oder, wenn man unsicher ist, für seine Diagnose auch die entsprechende andere Gruppe mit einbeziehen.

Die folgende Aufstellung zeigt alle 13 Gruppen im Überblick mit ihrer Leitfarbe und dem entsprechenden Symbol.

 Blätter nadelförmig, am Zweig gleichmäßig verteilt. In dieser Gruppe findet man alle Nadelgehölze mit deutlich ausgebildeten Nadeln, die nicht an Kurztrieben büschelig gehäuft stehen.

 Blätter nadelförmig, in Gruppen an seitlichen Kurztrieben. Die Nadeln der Arten in dieser Gruppe stehen büschelig an Kurztrieben (vgl. S. 13). Zur Diagnose ist es wichtig, die Basis der Nadeln anzusehen. Kiefernzweige wirken oft, als wären sie gleichmäßig benadelt, es stehen aber tatsächlich stets mehrere (mindestens 2) Nadeln beieinander, die einen von einer Nadelscheide umgebenen Mini-Kurztrieb bilden.

 Blätter schuppen- bis pfriemförmig. Diese Gruppe umfasst alle Nadelgehölze, deren Blätter stark reduziert sind und schuppenartig den Zweigen anliegen.

 Blätter einfach, ganzrandig, gegenständig. Bei gegenständiger Blattstellung stehen sich immer je 2 Blätter am Stängel direkt gegenüber.

 Blätter einfach, ganzrandig, wechselständig. In manchen Fällen, z. B. bei der Rotbuche, können die normalerweise ganzrandigen Blätter leicht gekerbt sein. Es empfiehlt sich daher, stets mehrere Blätter zu betrachten und in unsicheren Fällen auch die entsprechende andere Gruppe zu berücksichtigen.

 Blätter ungeteilt, Blattrand gesägt oder gezähnt; gegenständig.

 Blätter ungeteilt, Blattrand gesägt oder gezähnt; wechselständig.

 Blätter gelappt oder gebuchtet; gegenständig.

 Blätter gelappt oder gebuchtet; wechselständig.

Gemeinsames Merkmal der Arten ist die gebuchtete oder deutlich in Lappen aufgeteilte Blattspreite. Der Blattrand kann ganzrandig, gesägt oder gezähnt sein.

Blätter gefiedert; gegenständig.

 Blätter gefiedert; wechselständig.

Auch bei der Zuordnung zu den gefiederten Blättern spielt es keine Rolle, ob der Blattrand der Teilblättchen ganzrandig, gesägt oder gezähnt ist.

 Zwergsträucher, Blätter gegenständig oder wirtelig. Zwergsträucher bleiben kleiner als 50 cm. Arten mit gegenständiger oder wirteliger (in Quirlen) Blattstellung wurden in einer eigenen Gruppe zusammengefasst.

 Zwergsträucher, Blätter wechselständig. Zwergsträucher bleiben niedrig oder wachsen spalierförmig (dem Boden anliegend). Je nach Standort können manche Exemplare aber auch höher werden (bis 1 m), beispielsweise Gagelstrauch, Zwerg-Birke, Alpenrose oder Seidelbast.

Bestimmungshilfe 3er-Check

Wenn man einen unbekannten Baum sieht und im Bestimmen keine Übung hat, können die vielen Merkmale, die jede Art kennzeichnen und in den Bestimmungsbüchern wiedergegeben werden, vielleicht verwirren. Welches sind die wirklich wichtigen Merkmale, an denen man die Art nachher im Buch erkennen kann? Auf welche Einzelheiten ist zu achten? Mit »groß«, »am Waldrand« und »die Blätter waren irgendwie gezackt« lässt sich wenig anfangen. Auch gut erkannte Einzelheiten erweisen sich oft als wenig nützlich, wenn sie für viele andere Arten zutreffen.

Jeder Kenner wird andererseits bestätigen, dass eine unbekannte Art anhand ganz weniger, nur für sie zutreffender Merkmale leicht zu identifizieren ist. Es ist nur wichtig zu wissen, worauf man achten muss. An dieser Stelle setzt nun der 3er-Check an.

> **Jede Baum- oder Strauchart kann durch eine einmalige Kombination von maximal 3 Merkmalen von jeder anderen Art innerhalb der entsprechenden Gruppe unterschieden werden.**

Jede Textaussage wird in einem Bild illustriert, sodass auch der Anfänger keine Probleme hat zu erkennen, worauf er achten muss. Wenn alle Angaben des 3er-Checks zutreffen, kann man sicher sein, dass es sich um die betreffende Art handelt. Wenige Arten sind so ungewöhnlich, dass sie schon durch die Kombination von 2 Merkmalen unverwechselbar gekennzeichnet sind, etwa die Zitter-Pappel oder die Glockenheide. In solchen Fällen gibt es einen »2er-Check«.

Die Merkmale für den 3er-Check wurden so gewählt, dass sie möglichst das ganze Jahr über oder zumindest während der Vegetationsperiode sichtbar sind. Deshalb wurden vor allem vegetative Merkmale wie Blätter oder Borke berücksichtigt, aber auch die Früchte, wenn sie lange Zeit sichtbar sind. Blüten wurden dann aufgenommen, wenn durch sie die Art leicht identifiziert werden kann. Im Allgemeinen heißt das für die Praxis: Die betreffende Art kann durch die Blüte (und eventuell ein vegetatives Merkmal im 2er-Check) bestimmt werden oder durch die verbleibenden 2 Merkmale (z. B. die Früchte und das Blatt), ebenfalls als 2er-Check (vgl. z. B. Esskastanie, Gemeiner Schneeball oder Liguster).

Ergänzende Angaben im Text

Bei allen Arten ist der dem 3er-Check folgende Text in gleicher Weise in Stichwörter gegliedert, sodass man sich nicht nur schnell zurechtfinden kann, sondern auch unmittelbare Vergleiche mit anderen Arten erleichtert werden.

Die Artbeschreibungen nennen neben deutschem und wissenschaftlichem Namen auch den Gefährdungsgrad gemäß der Roten Liste für Deutschland, falls die Art dort verzeichnet ist. In Deutschland geschützte Arten sind mit dem §-Zeichen gekennzeichnet (vgl. S. 228).

Unter dem Stichwort **Merkmale** finden sich im Text noch weitere Angaben, die für den 3er-Check ohne Bedeutung waren, insbesondere zu Größe und Gestalt, Blüten, Borke usw.

Unter **Vorkommen** werden die Standortansprüche behandelt, insbesondere Bodenbeschaffenheit, bevorzugte Höhenlage oder klimatische Besonderheiten. Auch Hinweise zu Arten, mit denen die Hauptart vergesellschaftet (gemeinsam) vorkommt, werden hier gegeben. Schließlich wird die Verbreitung weltweit, unter besonderer Berücksichtigung Mitteleuropas genannt.

Unter **Biologie** schließlich werden Angaben gemacht zur Blütenbiologie und -ökologie (Bestäuber), zur Fruchtverbreitung, zur Nutzung durch den Menschen und vieles mehr.

Die **Monatsleiste** unten auf jeder Seite vermittelt durch die Farbmarkierungen folgende Informationen:

Blütezeit. Angegeben sind erster bis letzter Monat, in denen bei uns in Mitteleuropa blühende Exemplare vorgefunden werden können.

Fruchtreife. Die angegebene Zeitspanne gilt für die ausgereiften Früchte; unreife Früchte können oft viel früher am Baum/Strauch gesehen werden, bei Arten mit mehrjähriger Reifezeit wie beispielsweise Kiefern oft das ganze Jahr über.

Monate, in denen sowohl Blüten als auch reife Früchte auftreten können, sind durch diese Mischfarbe gekennzeichnet.

Um auch von wichtigen Baumarten die Blüten zeigen zu können, die für das Bestimmen mit dem 3er-Check keine Bedeutung haben, wurden diese in einem Tafelanhang auf Seite 224-227 zusammengestellt (vgl. Hinweise auf S. 224).

Gemeiner Wacholder *Juniperus communis*

3er-Check

1 Aufrechter, säulenförmiger Strauch

2 Blätter spreizend, stechend, oberseits mit grauweißem Band

3 Beerenzapfen oval bis kugelförmig, zur Reife schwarzblau, bereift

Merkmale: Strauch oder bis über 10 m hoher Baum mit rotbrauner längsstreifiger Borke. Blätter nur nadelförmig, in 3-zähligen Wirteln, 1–2 cm lang, zerrieben aromatisch duftend. Lebensdauer 3–4 Jahre. Männliche Blüten elliptisch, 4–5 mm lang, gelblich (s. Foto S. 224). Weibliche Blüten unscheinbar, grün. Beerenzapfen mit 1–3 braunen, 2–3 mm langen Samen. Neben dem abgebildeten, typischen Heide-Wacholder gibt es baumartige Formen, die eine Höhe von über 12 m erreichen können. In Hochgebirgslagen wächst der dem Boden angeschmiegt wachsende Zwerg-Wacholder, der nur 50 cm hoch wird.

Vorkommen: Auf flach- bis mittelgründigen Böden. Häufig auf Muschelkalkhängen, Magerweiden und in lichten Nadelwäldern. In den Alpen bis 1600 m hoch aufsteigend. Eurasien, Nordamerika.

Biologie: Der Gemeine Wacholder ist ein zweihäusiger Strauch. Die Beerenzapfen reifen erst im 2. oder 3. Jahr. Sie werden vor allem von Sing-, Mistel- und Wacholderdrosseln verzehrt. Wegen ihres Gehalts an ätherischen Ölen werden sie als Gewürz verwendet. Die ätherischen Öle verleihen dem Gin, Genever und Steinhäger ihren charakteristischen Geschmack.

J	F	M	A	M	J	J	A	S	O	N	D

Metasequoia glyptostroboides **Chinesisches Rotholz**

1 Nadeln gegenständig, hellgrün, weich

2 Stamm mit rötlicher Borke und markanten Kehlungen

3 Zapfen lang gestielt, Schuppen gegenständig

3er-Check

Merkmale: 30–35 m hoher Baum der lange eine ebenmäßig kegelförmige Krone hat. Im Herbst färben sich die Nadeln kupfern und fallen mit den Kurztrieben ab. Nur an den Langtrieben fallen die Nadeln einzeln ab.

Vorkommen: Heimisch in China (Sichuan, Hubei). In Mitteleuropa häufig angepflanzt. Entdeckt wurde die Art erst 1944. Das erste Saatgut gelangte 1947 nach Mitteleuropa. In seiner Heimat wächst das Chinesische Rotholz vergesellschaftet mit Laub- und Nadelgehölzen in Höhenlagen von 700–1350 m.

Biologie: Das Chinesische Rotholz ist ein einhäusiger Baum. Die männlichen Blütenknospen sind schon im Herbst fertig ausgebildet. Sie haben ein kätzchenförmiges Aussehen und hängen, vorwiegend im oberen Kronenbereich, in 5–10 cm langen Ständen schlaff herab. Die weiblichen Blütenstände stehen am Ende junger, beblätterter Kurztriebe. Sie sind etwa 1 cm lang und grün gefärbt. Die Zapfen reifen im 1. Jahr, werden jedoch erst beim Laubaustrieb im Folgejahr abgeworfen. Sie fallen alle innerhalb weniger Tage vom Baum. Erst an älteren Bäumen treten die charakteristischen Kehlungen in Erscheinung und die Stammbasis schwillt stark an.

| J | F | M | A | M | J | J | A | S | O | N | D |

Weiß-Tanne *Abies alba*

RL 3

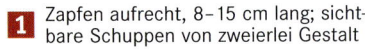

3er-Check

1 Zapfen aufrecht, 8–15 cm lang; sichtbare Schuppen von zweierlei Gestalt

2 Triebe behaart, Nadeln flach, stumpf oder ausgerandet

3 Knospen eiförmig, hell rotbraun, harzlos

Merkmale: 30–50 m hoher Baum mit kegelförmiger, im Alter gerundeter Krone. Stamm mit hellbrauner bis silbergrauer Schuppenborke. Nadeln 1,2–3 cm lang und 2–2,5 mm breit. Lebensdauer der Nadeln 8–10 Jahre. Blüten nur im Spitzenbereich der Krone. Männliche Blüten rötlich, einzeln in den Blattachseln, 2–2,5 cm lang. Weibliche Blütenstände zylindrisch, 2,5–3 cm lang, hellgrün. Zapfen – wie bei allen Tannen – nach der Reife im 1. Jahr zerfallend. Samen 3-eckig, 6–10 mm lang, mit 8–10 mm langem Flügel.

Vorkommen: Vorwiegend in Höhenstufen von 400–1000 m; in luftfeuchter, niederschlagsreicher und sommerwarmer Klimalage. Reinbestände bildend oder vergesellschaftet mit Fichte, Buche und Wald-Kiefer. Gebirge Süd- und Mitteleuropas.

Biologie: Die Samen sind nur 1/2–1 Jahr keimfähig. Sämlinge und Jungwuchs benötigen wenig Licht. Sie können sich dadurch auch im Bestand gut entwickeln. Mit etwa 30 Jahren erlangen sie im Freistand ihre Blühfähigkeit, im Bestand oft erst mit 50–60 Jahren. Weiß-Tannen können ein Lebensalter von bis zu 600 Jahren erreichen. Selten kann man auf Tannen einen Halbparasiten, die Tannen-Mistel beobachten.

J	F	M	A	M	J	J	A	S	O	N	D

Abies cephalonica # Griechische Tanne

1 Triebe kahl, Nadeln stechend zugespitzt, kaum gescheitelt

2 Knospen ei- bis kugelförmig, rotbraun, harzig

3 Zapfen aufrecht, 10–16 cm lang; sichtbare Schuppen von zweierlei Gestalt

3er-Check

Merkmale: 20–40 m hoher Baum mit breit-pyramidaler, im Alter abgeflachter Krone. Schuppenborke graubraun bis dunkelgrau. Nadeln 1,5–3 cm lang und 2 2,5 mm breit. Samen 8–10 mm lang, mit einem etwa ebenso langem Flügel. Durch die stechenden Nadeln unterscheidet sich die Griechische Tanne gut von anderen bei uns angepflanzten Arten.

Vorkommen: Sowohl auf kalkhaltigem als auch saurem Unter-grund; in nährstoffreichen, mittel- bis tiefgründigen Böden; in Höhenlagen von 760–2000 m. In Griechenland von Epirus und Thessalien bis zum Peloponnes, im Pindus-Gebirge und auf dem Parnass. In Mitteleuropa in Parkanlagen angepflanzt.

Biologie: In den griechischen Gebirgen gibt es auch heute noch ausgedehnte Reinbestände mit guter Naturverjüngung. In Mittel-europa wird die Art vor allem in den milden Lagen angepflanzt. Das erste Saatgut gelangte 1824 nach Europa (England). In ihrer Biologie unterscheidet sich die Griechische Tanne kaum von der heimischen Weiß-Tanne. Sie verträgt jedoch mehr Wärme und Trockenheit und eignet sich damit auch zur Anpflanzung im städ-tischen Umfeld.

| J | F | M | A | M | J | J | A | S | O | N | D |

Colorado-Tanne *Abies concolor*

2 **1**

1 Nadeln weich, bis 8 cm lang, beidseitig graugrün

2 Knospen eiförmig, braun, stark verharzt

3 Zapfen aufrecht, 8–15 cm lang; sichtbare Schuppen gleichförmig

3er-Check

3

Merkmale: 20–50 m hoher Baum mit lockerer, schmal-kegelförmiger Krone. Rinde junger Bäume mit auffälligen Harzblasen. Borke hellgrau bis rötlichbraun, schuppig abblätternd. Im Freistand lange bis zum Erdboden beastet. Nadeln 2–2,5 mm breit, schwach zugespitzt oder gerundet. Männliche Blüten rot, 3–4 cm lang. Samen 8–12 mm lang, mit 1,5–2,5 cm langem Flügel.

Vorkommen: Auf basenreichen, mittel- bis tiefgründigen, feuchten Böden. In schneereichen Gebirgslagen von 700–3600 m Höhe, bevorzugt in Höhenlagen von 1000–2500 m. Pazifisches Nordamerika. Von Süd-Oregon und Kalifornien östlich bis Colorado und New Mexico.

Biologie: Am heimatlichen Standort wächst die Colorado-Tanne vergesellschaftet mit der Dreh-Kiefer, Zucker-Kiefer, Pracht-Tanne, Riesen-Tanne und Douglasie. In Mitteleuropa gedeiht die Colorado-Tanne auch an relativ trockenen Standorten ohne längere Schneedecke und verträgt sommerliche Wärme mit Lufttrockenheit. Empfindlich ist sie gegen starken Wind. Als Solitärbaum in Parkanlagen kann sie sich zu stattlichen Bäumen entwickeln. Sie erreicht ein Lebensalter von 350 Jahren.

J	F	M	A	M	J	J	A	S	O	N	D

Abies grandis **Riesen-Tanne, Küsten-Tanne**

1 | 2

1 Nadeln streng gescheitelt, 3,5–6 cm lang, oberseits glänzend grün

2 Knospen eiförmig bis zylindrisch, verharzt; Triebe fast kahl

3 Zapfen aufrecht, 6–12 cm lang; sichtbare Schuppen gleichförmig

3er-Check

Merkmale: 30–50 m hoher Baum mit schlank-kegelförmiger, ebenmäßiger Krone. Rinde mit deutlichen Harzblasen. Nadeln 2,5–3 mm breit. Männliche Blüten gelb, 1,2–1,8 cm lang; weibliche Blütenzapfen gelbgrün, 2–3 cm lang, nur im Kronenbereich älterer Bäume. Samen 1cm lang, mit 1–1,5 cm langem Flügel.

Vorkommen: Auf tiefgründigen, feuchten und nährstoffreichen Böden; sowohl auf saurem als auch basenreichem Untergrund. Vom Meeresniveau bis zu Höhenlagen von 1600 m, meist zwischen 900 und 1500 m. Vergesellschaftet mit Purpur-Tanne, Sitka-Fichte und Douglasie. Pazifisches Nordamerika. Von Vancouver Island, British Columbia, Washington bis Nordwest-Kalifornien; östlich bis West-Montana und Idaho.

Biologie: Die Riesen-Tanne ist eine sehr raschwüchsige Art und durch die lange und ebenmäßige Benadelung als mitteleuropäischer Parkbaum sehr geschätzt. Auch als Forstgehölz hat sie sich mancherorts gut bewährt. 1825 wurde sie von D. Douglas, einem schottischen Botaniker, entdeckt. Am heimatlichen Standort kann sie mitunter 70 m Höhe erreichen und macht damit ihrem Namen Ehre. In Mitteleuropa wird sie selten über 40m hoch.

| J | F | M | A | M | J | J | A | S | O | N | D |

Korea-Tanne *Abies koreana*

2 **1**

1 Zapfen aufrecht, 5–7 cm lang; sichtbare Schuppen von zweierlei Gestalt

2 Nadeln 1,5–2 cm lang, unterseits silbrig weiß

3 Knospen rundlich-eiförmig, verharzt; Triebe braun behaart

3er-Check

3

Merkmale: 15–20 m hoher Baum mit tiefrissiger, hellgrauer bis rotbrauner Borke. Nadeln dicht stehend, 2–2,5 mm breit, meist stumpf und deutlich ausgerandet, oberseits glänzend dunkelgrün. Männliche Blüten hellrosa bis blasspurpurn. Weibliche Blütenstände 2–5 cm lang, blasspurpurn, während des Wachstums mit reicher Harzausscheidung. Samen 1cm lang, mit 6–8 mm langem Flügel.

Vorkommen: Auf humusarmen Granit- und Gneisverwitterungsböden, kalkmeidend. Vor allem in Höhenlagen von 900–1850 m. Südliches Korea und Insel Cheju-do (Quelpart).

Biologie: Häufig in Gärten angepflanzt, trägt sie schon als junger Baum viele Zapfen. Meist erreicht sie jedoch in Hausgärten kein hohes Alter. Sie ist in Mitteleuropa winterhart und gegen Luftverschmutzung widerstandsfähig. Entdeckt wurde die Korea-Tanne erst 1905 auf der Insel Quelpart. Die meisten der bei uns angepflanzten Bäume stammen aus Saatgut, das 1917 von E. H. Wilson auf dem Festland gesammelt wurde. Die Korea-Tanne ist die in Gärten am häufigsten anzutreffende Tannen-Art, obwohl sie an vielen ungeeigneten Standorten gepflanzt wird.

J	F	M	A	M	J	J	A	S	O	N	D

Abies nordmanniana **Nordmanns Tanne**

3er-Check

1 Nadeln glänzend dunkelgrün, unterseits silbrig grau, 2–3,5 cm lang

2 Knospen ei- bis kugelförmig, harzfrei

3 Zapfen aufrecht, 10–20 cm lang; sichtbare Schuppen von zweierlei Gestalt

Merkmale: 50–60 m hoher Baum. Krone anfangs schmal, später breit-kegelförmig. Stamm bis 1,5 m dick. Borke graubraun bis schwarzgrau. Nadeln starr, aber nicht stechend, 2–2,5 mm breit. Männliche Blüten fast kugelförmig, 10 mm groß. Samenschuppen reifer Zapfen gut sichtbar, zurückgeschlagen.

Vorkommen: Auf tiefgründigen, humosen und nährstoffreichen Böden in Höhenlagen von 900–2200 m, vorwiegend zwischen 1000 und 1800 m. Westlicher Kaukasus und Pontisches Gebirge.

Biologie: Die Nordmanns Tanne bildet Reinbestände oder wächst vergesellschaftet mit der Kaukasus-Fichte, der Wald-Kiefer, der Eibe und der Orient-Buche. Als Solitärbaum in Parkanlagen ist sie lange bis zum Boden beastet und wird daher häufig angepflanzt. Sie kann am natürlichen Standort ein Alter von 500 Jahren erreichen. In Mitteleuropa wird sie bis 30 m groß und ist völlig winterhart. Aufgrund ihrer schönen Benadelung ist die Nordmanns Tanne ein beliebter Weihnachtsbaum. Die Art wurde 1836 vom finnischen Botaniker Nordmann im Kaukasus entdeckt. 1840 gelangte sie nach England. Alexander von Humboldt brachte sie 1848 in den Botanischen Garten von Berlin.

J	F	M	A	M	J	J	A	S	O	N	D

Spanische Tanne *Abies pinsapo*

3er-Check

1 Zapfen aufrecht, 10–15 cm lang; sichtbare Schuppen gleichförmig

2 Nadeln starr, aber nicht stechend, stark spreizend, 1–2 cm lang

3 Knospen ei- bis kegelförmig, rotbraun, stark verharzt

Merkmale: 20–30 m hoher Baum mit pyramidaler, im Alter breiter Krone. Schuppenborke schwarzgrau. Junge Zweige kahl, zimtbraun, später graubraun bis grau. Nadeln 1,5–2,5 mm breit, stumpf. Männliche Blüten 7 mm lang, rot überlaufen. Samen 7–10 mm lang, Flügel 1,5 cm lang und bis 10 mm breit.

Vorkommen: Auf mäßig nährstoffreichen, mittel- bis tiefgründigen, basenreichen Böden, meist auf Kalk. Verbreitet in Höhenlagen von 1000–1800 m. An Nordhängen in Reinbeständen, in tieferen Lagen vergesellschaftet mit Strand-Kiefer und Stein-Eiche. Südostspanien. Areal in 4 Teilareale gegliedert: Sierra del Pinar bei Granada, Sierra de Ronda, Sierra Bermeja bei Estepona und Sierra de las Nieves.

Biologie: Die Spanische Tanne verträgt gut Sommertrockenheit, ist jedoch empfindlich gegen zu geringe Luftfeuchtigkeit. In milden Lagen Mitteleuropas wird sie aufgrund ihrer schönen Benadelung, besonders als Form mit bläulichen Nadeln, häufig angepflanzt. Sie wurde 1837 vom Genfer Botaniker E. Boissier in der Sierra Bermeja/Provinz Malaga entdeckt. Im gleichen Jahr gelangte von ihr Saatgut nach Paris.

J	F	M	A	M	J	J	A	S	O	N	D

Abies procera **Edle Tanne**

1 Zapfen aufrecht, 18–25 cm lang; Schuppen von zweierlei Gestalt

2 Nadeln am Grunde gebogen, blaugrün, stumpf

3 Knospen kugelförmig, rotbraun, verharzt; Triebe fein behaart

3er-Check

Merkmale: 50–65 m hoher Baum mit schlank kegelförmiger, im hohen Alter abgeflachter Krone. Stamm mit silbergrauer bis rotbrauner Schuppenborke. Rinde mit Harzblasen. Junge Zweige olivgrün bis braun. Nadeln sehr dicht stehend, kaum gescheitelt, 2,5–3,5 cm lang und 1,5–1,8 mm breit. Männliche Blüten hellrot, 1,5–2,5 cm lang. Samen 5–7 mm lang, mit 4–5 mm langem Flügel.

Vorkommen: Auf nährstoffreichen, mittel- bis tiefgründigen, kalkfreien Böden in Höhenlagen von 900–2200 m, vorwiegend zwischen 1000 und 1700 m. Pazifisches Nordamerika. Kaskadengebirge von Washington und Oregon bis zum Siskiyou-Gebirge in Nord-Kalifornien.

Biologie: Die Edle Tanne hat die größten Zapfen aller Tannenarten. Sie sind oft so schwer, dass sich die Äste umbiegen und die Zapfen schräg nach unten hängen. In der Jugend wächst die Edle Tanne sehr schnell und hat einen langen Gipfeltrieb. Aufgrund der schönen Färbung und der Haltbarkeit ihrer Nadeln ist sie ein sehr geschätzter Weihnachtsbaum. An heimatlichen Standort wächst die Edle Tanne selten in Reinbeständen, sondern meist vergesellschaftet mit anderen Nadelgehölzen.

J	F	M	A	M	J	J	A	S	O	N	D

Gemeine Fichte, Rottanne *Picea abies*

2 **1**

3

1 Zapfen hängend, 10–15 cm lang, braun

2 Nadeln steif, stechend zugespitzt, dunkelgrün, matt glänzend

3 Borke schuppig, rotbraun

3er-Check

Merkmale: 30–50 m hoher Baum mit ebenmäßiger, kegelförmiger Krone, Stamm bis 2 m dick. Junge Triebe völlig von Nadelkissen berindet. Nadeln 1–3 cm lang und 1 mm breit. Männliche Blüten in den Achseln der Nadeln, sich von purpurrot nach gelb verfärbend, 1,5–2 cm lang. Weibliche Blütenstände aufrecht, 5–6 cm lang, hellrot bis gelbgrün (s. Foto S. 225). Samen 4–5 mm lang, mit 1,5 cm langem und 6–7 mm breitem Flügel.

Vorkommen: Auf frischen, mittel- bis tiefgründigen, feuchten bis nassen torfigen bis steinig-sandigen Lehm- und Tonböden. In Höhenlagen oberhalb von 800 m. In den Bayerischen Alpen bis zu 1550 m hoch ansteigend. Mitteleuropa bis Ostasien; Skandinavien.

Biologie: Die Nadeln haben eine Lebensdauer von 5–12 Jahren. Nach dem Abfallen fühlen sich die Zweige durch die erhalten bleibenden Nadelkissen, wie bei allen Fichten-Arten, rau an. Die Fichte gedeiht in luftfeuchter, kühler und winterkalter Klimalage. Ihr heutiges Verbreitungsgebiet ist wesentlich größer als das natürliche. Durch großflächige Aufforstungen seit dem 18. Jahrhundert ist sie dank ihrer großen ökologischen Breite zu einem wirtschaftlich wichtigen und ertragreichen Waldgehölz geworden.

J	F	M	A	M	J	J	A	S	O	N	D

Picea omorika **Serbische Fichte**

1

2

3

1 Zapfen hängend, 4,5–6 cm lang, harzig

2 Nadeln abgeflacht, glänzend dunkelgrün, unterseits silbrig

3 Krone schlank-kegelförmig, bis zum Grunde beastet

3er-Check

Merkmale: 30–35 m hoher Baum mit schlank-kegel- oder säulenförmiger Krone. Im Freistand bis zum Erdboden beastet. Stamm 30–70 cm dick. Nadeln dicht stehend, 1,2–1,8 cm lang und 1,5–2 mm breit. Blüten nur im obersten Kronenbereich. Männliche Blüten rötlichgelb, 1–1,5 cm lang. Weibliche Blütenstände aufrecht, purpurrot, 1,2–2,5 cm lang.

Vorkommen: Auf mäßig nährstoffreichen, humosen Kalkverwitterungsböden in Höhenlagen von 700–1500 m; in sommerkühler und feuchter Klimalage. Im Tara-Gebirge des mittleren und oberen Drina-Gebietes im Grenzbereich von Bosnien und Serbien.

Biologie: Die Serbische Fichte kommt nicht in Reinbeständen, sondern vergesellschaftet mit der Gemeinen Fichte, der Weiß-Tanne, Wald-Kiefer, Schwarz-Kiefer, Buche und dem Berg-Ahorn vor. Obwohl sich die heimatlichen Standorte durch Schneereichtum und Feuchtigkeit auszeichnen, hat sich die Serbische Fichte in Mitteleuropa als gut gedeihender Baum in Gärten und Parks auch in wintermilden und sommertrockenen Lagen erwiesen. Erst 1881 gelangte Saatgut in die Schweiz, 1889 nach England. Omorika ist der bosnische Volksname für die Fichte.

J	F	M	A	M	J	J	A	S	O	N	D

Kaukasus-Fichte *Picea orientalis*

1

2

1 Zapfen hängend, 5–8 cm lang, stark harzig

2 Nadeln stumpf, glänzend grün, nur 5–8 mm lang

2er-Check

Merkmale: 40–50 m hoher Baum mit ebenmäßiger, schmal-kegelförmiger Krone. Im Freistand lange bis zum Erdboden beastet. Schuppenborke dunkelbraun. Männliche Blüten gelb, bis 2 cm lang, auch im mittleren Kronenbereich. Weibliche Blütenstände 2–2,5 cm lang, grün. Samen 3–4 mm lang, mit 6–7 mm langem Flügel.

Vorkommen: Auf mittel- bis tiefgründigen, humosen, basischen oder sauren Lehmböden in Höhenlagen von 600–2100 m. Häufig die Waldgrenze bildend. Nordabfall des Pontischen Gebirges in Anatolien und im Kaukasus.

Biologie: Die Kaukasus-Fichte wächst in Höhenlagen ab 1000 m in Reinbeständen, sonst vergesellschaftet mit der Nordmanns Tanne, Wald-Föhre und Orient-Buche. In Mitteleuropa wird sie 30 m hoch und erlangt mit 25–30 Jahren ihre Blühreife. Wegen ihrer ebenmäßigen Benadelung und Kronenform wird sie in Parkanlagen häufig angepflanzt, nicht jedoch als Forstgehölz. Häufig bildet die Kaukasus-Fichte so genannte Schleppen: Untere Seitenzweige liegen zunächst dem Erdboden auf und wachsen dann senkrecht in die Höhe.

J	F	M	A	M	J	J	A	S	O	N	D

Picea pungens **Stech-Fichte**

1 Nadeln spreizend, starr und stechend

2 Zapfen hängend, mit dünnen, gewellten und gezähnelten Schuppen

2er-Check

Merkmale: 25–35 m hoher Baum. Krone zunächst kegelförmig, im Alter breit pyramidal bis säulenförmig. Nadeln 1,5–3 cm lang und 1 mm breit, 4-kantig. Männliche Blüten und weibliche Blütenstände 1–1,5 cm lang. Zapfen ungestielt, oft etwas gekrümmt, 8–12 cm lang und 4–4,5 cm breit, harzig, strohfarben bis hellbraun. Samen 2–4 mm lang, 5–6 mm lang geflügelt.

Vorkommen: Auf tiefgründigen, nährstoffreichen, feuchten bis nassen Lehm- und Kiesböden an Gebirgshängen und Flussufern; von 1800–3300 m. Westliches Nordamerika von Ost-Idaho und Wyoming bis Nord-Arizona und Ost-New-Mexico.

Biologie: Die Stech-Fichte kommt nur selten in größeren Reinbeständen vor. Häufiger ist sie vergesellschaftet mit der Douglasie, Engelmanns Fichte sowie der Gelb- und Dreh-Kiefer. Mit 20–25 Jahren erreicht sie ihre Blühfähigkeit und wird bis 800 Jahre alt. Sie gelangte 1862 durch den nordamerikanischen Botaniker Ch. Parry nach Europa. In Mitteleuropa wird sie häufig angepflanzt, vor allem als Blaufichte. Gegen sommerliche Trockenheit und Luftverschmutzung erweist sie sich als resistent. In manchen Jahren wird sie von der Sitkalaus befallen und verliert dann schnell ihre Nadeln.

J	F	M	A	M	J	J	A	S	O	N	D

Sitka-Fichte *Picea sitchensis*

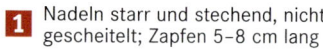

1 Nadeln starr und stechend, nicht gescheitelt; Zapfen 5–8 cm lang

2 Nadeln unterseits silbrig weiß

3 Zapfen gelbbraun, Schuppen gewellt und gezähnelt

3er-Check

Merkmale: 40–60 m hoher Baum. Krone anfangs schmal, im Alter breit-kegelförmig. Schuppenborke grau- bis rotbraun. Nadeln 1,5–2,5 cm lang und etwa 1 mm breit. Männliche Blüten gelb, 1,5–2 cm lang. Weibliche Blütenstände – wie auch die männlichen Blüten – nur im Spitzenbereich der Krone, 2–3 cm lang. Samen 2–4 mm lang, mit 7–8 mm langem Flügel.

Vorkommen: Auf feuchten bis nassen, tiefgründigen, oft nährstoffarmen, sauren Lehm- oder Sandböden in luftfeuchter, nebelreicher Klimalage. Im Gebirge bis 1000 m hoch ansteigend. Pazifisches Nordamerika von Süd- und Südwest-Alaska bis Nordwest-Kalifornien.

Biologie: Die Sitka-Fichte besiedelt nur einen bis zu 80 km breiten Küstenstreifen. Sie bildet Reinbestände oder wächst vergesellschaftet mit Westlicher Hemlock, Riesen-Tanne, Douglasie, Riesen-Lebensbaum und Nootka-Scheinzypresse. Die Standorte liegen meist im Flachland. Die Sitka-Fichte ist raschwüchsig. Gut bewährt hat sie sich als Forstgehölz in Küstennähe und wird in Norddeutschland und in Dänemark viel angepflanzt. Im Unterschied zur Stech-Fichte wird sie von der Sitkalaus nicht sichtbar geschädigt.

J	F	M	A	M	J	J	A	S	O	N	D

Pseudotsuga menziesii **Douglasie**

1

2

1 Zapfen hängend, mit kurzen runden und langen 3-zipfeligen Schuppen

2 Nadeln weich, spitzenwärts gerundet, unterseits mit 2 silbrigen Streifen

2er-Check

Merkmale: 50–60 m hoher Baum mit grau- bis purpurbrauner, dicker, längs gefurchter und korkiger Schuppenborke. Nadeln 2–4 cm lang und 1–1,5 mm breit, unregelmäßig bis deutlich gescheitelt. Zerriebene Blätter duften fruchtig-harzig nach Orangen. Männliche Blüten rötlich bis gelb, 1–1,5 cm lang. Weibliche Blütenstände nicht nur im oberen Kronenbereich, zu 1–3, gelbgrün bis rot, 1,5–2 cm lang. Zapfen 1–2 cm lang gestielt, braun, 5–10 cm lang.

Vorkommen: Auf meist tiefgründigen, feuchten, nährstoffreichen lehmigen Böden. Pazifisches Nordamerika von British Columbia und dem südlichen Alberta bis Mittel-Mexiko.

Biologie: Man unterscheidet zwei Varietäten der Douglasie: die Küsten-Douglasie mit frisch- bis tiefgrünen, langen Nadeln, in Höhenlagen von 0–1650 m gedeihend, und die Gebirgs-Douglasie mit bläulichgrünen, kürzeren Nadeln in Höhenlagen von 630–2600 m. Die Douglasie wurde 1827 vom schottischen Botaniker D. Douglas in England eingeführt. Seit 1830 findet man sie auch auf dem Kontinent. In Mitteleuropa ist die Douglasie ein wichtiger Forstbaum, der bis 50 m hoch wird und ein geschätztes Nutzholz bildet.

J	F	M	A	M	J	J	A	S	O	N	D

Kanadische Hemlock *Tsuga canadensis*

1 Zapfen hängend, ungestielt, eiförmig, nur 1,5–2,5 cm lang

2 Nadeln ungleich groß

2er-Check

Merkmale: 20–30 m hoher Baum mit unregelmäßig breit-pyramidaler Krone und überhängendem Gipfeltrieb. Schuppenborke grau- bis rotbraun. Junge Zweige gelbbraun, fein behaart. Nadeln auf der Oberseite in einer Reihe den Zweigen aufliegend mit nach oben gekehrter Blattunterseite, 3–6 mm lang. Nadeln der Sprossunterseite 0,5–1,8 cm lang. Männliche Blüten gelb, kugelförmig, 3 mm groß. Weibliche Blütenstände 6 mm lang, blassgrün. Samen 1–2 mm groß, mit 6–8 mm langem Flügel.

Vorkommen: Auf tiefgründigen, nährstoffreichen, gut drainierten Lehmböden. In kühler und luftfeuchter Klimalage vom Flachland bis in Gebirgslagen von 1700 m Höhe. Vorwiegend an Nord- und Osthängen. Nordöstliches Nordamerika.

Biologie: Die Kanadische Hemlock bildet Reinbestände oder wächst vergesellschaftet mit der Weymouths Kiefer, Rot- und Schimmel-Fichte sowie der Gelb-Birke. Sie kann ein Alter von 1000 Jahren erreichen. Mit 20–40 Jahren werden die ersten Zapfen gebildet. Die Zapfen reifen im 1. Jahr, fallen jedoch erst im 2. Jahr ab. Nach Europa gelangte die Kanadische Hemlock 1730. An geeigneten Standorten kann sie eine Höhe von 20 m erreichen.

J	F	M	A	M	J	J	A	S	O	N	D

Sequoia sempervirens **Küstenmammutbaum**

1 Nadeln streng gescheitelt, oberseits dunkelgrün

2 Zapfen hängend, ei- bis kugelförmig

3 Einstämmiger Baum, Borke schwammig weich

3er-Check

Merkmale: 65–100 m hoher, langschäftiger Baum mit gerundeter, lockerer Krone. Stämme bis 5 m im Durchmesser, mit 15–30 cm dicker, dunkel- bis rotbrauner Borke. Nadeln 4–20 mm lang und 1–2,5 mm breit. Männliche Blüten 5–7 mm groß, blassgelb; weibliche Blütenstände grün, etwa 10 mm lang. Zapfen 1,5–3 cm lang. Samen 1,5–3 mm groß, schwach geflügelt.

Vorkommen: Auf tiefgründigen, feuchten, nährstoffreichen Böden in sommerkühler und wintermilder Klimalage. Pazifisches Nordamerika, Süd-Oregon und Kalifornien. Das Verbreitungsgebiet ist inselartig zergliedert, 800 km lang und 50–60 km breit.

Biologie: Der Küstenmammutbaum oder Redwood gedeiht in küstennahen Ebenen, Flussniederungen oder gewässerbegleitend. An den Gebirgshängen steigt er bis zu einer Höhe von 1000 m an. Er wächst in Reinbeständen oder vergesellschaftet mit Riesen-Tanne, Riesen-Lebensbaum und Douglasie. Das höchste gemessene Exemplar hatte über 110 m Höhe. Bei einem 1934 gefälltem Exemplar hat man 2200 Jahresringe gezählt. 800–1000-jährige Individuen sind nicht selten. Mit 20–25 Jahren werden die ersten Zapfen gebildet. 1840 gelangte das erste Saatgut nach Europa.

J	F	M	A	M	J	J	A	S	O	N	D

Sumpfzypresse *Taxodium distichum*

1 Nadeln wechselständig, hellgrün, weich

2 Zapfen kugelförmig, sitzend, zur Reife zerfallend

3 Braune Atemwurzeln senkrecht aus dem Erdboden ragend

3er-Check

Merkmale: 20–40 m hoher Baum mit pyramidaler, im Alter abgerundeter Krone. Borke längsrissig, hell-, rot- bis graubraun, sich in langen Streifen lösend. Nadeln 0,5–2 cm lang. Kurztriebe im Herbst abfallend. Männliche Blüten kugelförmig, 2 mm groß, in 5–20 cm langen Ständen. Weibliche Blütenstände 2 mm lang. Zapfen 2–3 cm groß, ihre Schuppen schraubig angeordnet. Samen unregelmäßig 3-eckig, 8–15 mm lang, mit schmalen Flügeln.

Vorkommen: Auf nährstoffarmen, flachgründigen Schlammböden; meist auf Kalkuntergrund. Stämme jährlich während einiger Monate im Wasser stehend. Südöstliches Nordamerika von Texas bis Florida. Nördlich bis Illinois und Indiana, Delaware und Maryland.

Biologie: Die Sumpfzypresse wächst in Reinbeständen oder vergesellschaftet mit Wasser-Hickorynuss, Wasser-Tupelobaum, Rot-Ahorn und Sumpf-Esche. Sie ist der Charakterbaum der »Swamps« in den Everglades von Florida, ausgedehnten Flachwasserflächen auf Kalkgestein. Eine Besonderheit stellen die hohlen Knie- oder Atemwurzeln dar, die 0,5–1,5 m aus dem Wasser herausragen und wohl dem Gasaustausch dienen. Sumpfzypressen können ein Alter von 700 Jahren erreichen.

J F **M A M** J **J** A S **O N D**

Taxus baccata **Gemeine Eibe**

1 Samen zur Reife von rotem, fleischigem Mantel umgeben

2 Nadeln unterseits hellgrün, an den Zweigen herablaufend

3 Feste, dünnschuppige Borke

3er-Check

Merkmale: 10–12, selten bis 18 m hoher Baum mit breit-kegelförmiger, im Alter ei- bis kugelförmiger Krone; häufig vom Grunde an mehrstämmig. Schuppenborke grau- bis rotbraun. Nadeln 1,5–3,5 cm lang und 2–2,5 mm breit, 3–8 Jahre lebend. Blüten 2-häusig verteilt, einzeln blattachselständig. Männliche Blüten gelblich, kugelförmig, 4 mm groß (s. Foto S. 225). Weibliche Blüten unscheinbar, 1–1,5 mm groß, Samen 6–7 mm lang.

Vorkommen: Auf tiefgründigen und nährstoffreichen Böden. Bevorzugt in Buchen-, Tannen-, Eschen-Ahorn- und Schluchtwäldern. Von der Ebene bis in mittlere Gebirgslagen. Europa, nördliches Anatolien, Kaukasus bis Nordiran.

Biologie: Die Eibe unterscheidet sich von anderen Nadelgehölzen durch das Fehlen von Harzkanälen. Für den Menschen und manche Säugetiere (Pferde) sind alle Pflanzenteile, mit Ausnahme des Samenmantels, giftig. Vögel, wie Amseln und Drosseln, verbreiten die Samen. Die Eibe wächst in der Jugend sehr langsam. Sie kann mehrere hundert Jahre alt werden. Eine exakte Altersbestimmung ist schwierig, da die Stämme hohl werden und somit eine Jahresringzählung nicht möglich ist.

J	F	M	A	M	J	J	A	S	O	N	D

Atlas-Zeder *Cedrus atlantica*

1 Zapfen aufrecht, fassförmig, an der Spitze eingedellt

2 Seitenäste im spitzen Winkel aufsteigend

3 Nadeln zu 10–30, etwa gleich lang

3er-Check

Merkmale: 35–40 m hoher Baum. Krone anfangs breit-kegelförmig, im Alter unregelmäßig, weit ausladend. Stämme mit dunkel- bis schwarzgrauer Schuppenborke. Nadeln 1,5–3 cm lang, 1–1,2 mm breit. Blüten aufrecht an Kurztrieben. Männliche Blüten blassgelb, zylindrisch, 3–5 cm lang und 10–12 mm dick. Weibliche Blütenstände unscheinbar, grün bis rötlich, 1 cm lang. Zapfen 5–7,5 cm groß. Samen 10–12 mm lang, mit 1,5 cm langem Flügel.

Vorkommen: Auf mittel- bis tiefgründigen, nährstoffreichen Böden in sommerwarmer, sommertrockener und winterfeuchter Klimalage in Höhen von 1250–2000 m. Sie wachsen in Reinbeständen oder vergesellschaftet mit Tannen. Westliches Nordafrika von Marokko und Algerien; Atlas- und Rif-Gebirge.

Biologie: Die Zapfen benötigen bis zur Reife 2–3 Jahre und zerfallen dann – wie bei allen Zedern. Lediglich die verholzte Spindel bleibt stehen. Die Atlas-Zeder gelangte 1839 nach Europa. Sie wird bei uns vor allem in der Blauform häufig angepflanzt und in den wintermilden Teilen Europas bis 30 m hoch. Mit 20–25 Jahren erreicht sie ihre Blühfähigkeit. Die Samen keimen leicht. Atlas-Zedern können 900 Jahre alt werden.

J	F	M	A	M	J	J	A	S	O	N	D

Cedrus deodara **Himalaja-Zeder**

3er-Check

1 Gipfeltrieb und Zweigspitzen überhängend

2 Nadeln zu 25–30, von unterschiedlicher Länge an Lang- und Kurztrieben

3 Zapfen aufrecht, am Scheitel nicht
eingedellt

Merkmale: Bis 50 m hoher Baum mit schwarzgrauer Schuppenborke. Krone anfangs kegelförmig, später breit ausladend. Nadeln an
Langtrieben spiralig, an den Kurztrieben in Büscheln stehend,
2–6,5 cm lang und 1 mm breit. Männliche Blüten walzenförmig,
4,5–7,5 cm lang, gelblich. Weibliche Blütenstände 2–2,5 cm lang,
hellgrün. Zapfen fassförmig bis oval, 8–10 cm lang.

Vorkommen: Auf tiefgründigen, nährstoffreichen, gut drainierten
Böden; sowohl auf saurem als auch basischem Untergrund. Verbreitet in Höhenlagen von 1200–3300 m.

Biologie: Die Himalaja-Zeder bildet am natürlichen Standort lichte
Reinbestände oder wächst vergesellschaftet mit der Himalaja-Fich-
te, der Langnadeligen Kiefer und der Tränen-Kiefer. Obwohl die
Blüten im Herbst bestäubt werden, erfolgt die Befruchtung erst
im Mai des folgenden Jahres. Die Zapfen benötigen bis zur Reife
2 Jahre. Nach Europa gelangte sie 1822. In Mitteleuropa wird die
Himalaja-Zeder vor allem im Weinbauklima angepflanzt. Die Himalaja-Zeder bildet im Freistand stattliche Bäume und kann, zum Beispiel am Genfer See, 30 m hoch werden. In Deutschland wird sie
seltener als die Atlas-Zeder und Libanon-Zeder angepflanzt.

J	F	M	A	M	J	J	A	S	O	N	D

Libanon-Zeder *Cedrus libani*

1 Nadeln zu 7–20, etwa gleich lang

2 Seitenäste fast waagerecht; Krone im Alter deutlich abgeflacht

3 Zapfen aufrecht, am Scheitel abgeflacht oder eingedellt

3er-Check

Merkmale: 25–35 m hoher Baum mit längsrissig gefelderter, dunkelgrauer Schuppenborke. Nadeln an Langtrieben spiralig, an Kurztrieben in Büscheln stehend, 1,5–3,5 cm lang und 1–1,2 mm breit. Männliche Blüten blassgelb, 3–5 cm lang (s. Foto S. 224). Weibliche Blütenstände unscheinbar, 1 cm lang. Zapfen fassförmig, 7,5–10 cm lang. Samen 1,2–1,8 cm lang, mit 2–2,5 cm langem Flügel.

Vorkommen: Auf mittel- bis tiefgründigen Lehmböden in Höhenlagen von 900–2100 m. Klein- und Westasien. Hauptvorkommen im Kilikischen Taurus und Antitaurus. Libanon und Syrien.

Biologie: Die Libanon-Zeder ist ein licht- und wärmebedürftiges Gehölz. Sie wächst in lichten Reinbeständen oder vergesellschaftet mit Kilikischer Tanne und Schwarz-Kiefer. Die Zapfen reifen erst im 2. oder 3. Jahr und zerfallen. Die geflügelten Samen werden vom Wind verbreitet. Mit 20–25 Jahren erreichen Libanon-Zedern ihre Blühfähigkeit. Sie können bis 900 Jahre alt werden. Das älteste deutsche Exemplar steht im Schlosspark von Weinheim a. d. Bergstraße. Es wurde 1710 gepflanzt und hat heute einen Stammdurchmesser von 1,71 m. Bei Nassschnee kommt es öfter zum Abbrechen der weit ausladenden Äste.

J	F	M	A	M	J	J	A	S	O	N	D

Larix decidua **Europäische Lärche**

3er-Check

1 Zapfen aufrecht, 2–6 cm lang; Schuppen zur Reife spreizend

2 Kurztriebe mit 40–50 Nadeln

3 Bäume vor dem Nadelfall leuchtend goldgelb gefärbt

Merkmale: Sommergrüner, 35–40 m hoher Baum mit tief gefurchter, grau- bis rotbrauner Schuppenborke. Nadeln an den Langtrieben spiralig stehend, an den Kurztrieben in Büscheln, 1,5–3 cm lang und 0,5–0,8 mm breit. Blüten an Kurztrieben. Männliche Blüten schwefelgelb, kugelförmig, 5–10 mm groß. Weibliche Blütenstände rosa- bis dunkelrot, eiförmig, 1–1,5 cm lang (s. Foto S. 224). Samen 3–4,5 mm groß, mit 5–10 mm langem Flügel.

Vorkommen: Auf nährstoffreichen, frischen, mittel- bis tiefgründigen Böden in lufttrockener, sonniger und winterkalter Klimalage. Gebirge Mitteleuropas. Verbreitungsgebiet in 4 Teilareale gegliedert: Alpen, Sudeten, Karpaten und Weichselniederung.

Biologie: Die Zapfen reifen bereits im 1. Jahr, fallen aber erst mit den Zweigen nach mehreren Jahren ab. Solitär stehende Bäume erlangen mit 12–15 Jahren, im Forst erst nach 20–25 Jahren ihre Blühfähigkeit. Die Bäume können bis zu 800 Jahre alt werden, doch liegt das Durchschnittsalter bei 200–400 Jahren. Die Lärche ist als Forstbaum weit über ihr ursprüngliches Verbreitungsgebiet hinaus angepflanzt. In der heimischen Flora ist sie der einzige sommergrüne Nadelbaum.

J	F	M	A	M	J	J	A	S	O	N	D

Arve, Zirbel-Kiefer *Pinus cembra*

3er-Check

1 Zapfen eiförmig, 5–13 cm lang

2 Kurztriebe 5-nadelig, ältere ohne Nadelscheide, Nadeln biegsam

3 Krone im Alter unregelmäßig gerundet

Merkmale: 10–25 m hoher Baum mit anfangs schmal-kegelförmiger Krone. Schuppenborke längsrissig, grau- bis silbrig rotbraun. Junge Zweige olivgrün, dicht filzig braun behaart. Nadeln dunkelgrün, 5–12 cm lang und 1–1,5 mm breit. Männliche Blüten gelb, 1,5 cm lang. Weibliche Blütenstände, zu 1–6 an der Spitze junger Langtriebe, 1–1,5 cm lang. Samen 8–14 mm lang, ungeflügelt.

Vorkommen: Auf frischen, mäßig nährstoffreichen, sauren Stein- oder Lehmböden mit Rohhumusauflage; vorwiegend in kalter, lufttrockener, kontinental geprägter Klimalage. In den mitteleuropäischen Hochgebirgen von 1300–2750 m Höhe. Alpen, Karpaten und vom östlichen Nordrussland bis Mittelsibirien.

Biologie: Die Zapfen reifen im Herbst des 2. Jahres und fallen im Frühjahr des 3. Jahres ab. Intakte reife Zapfen findet man kaum, da die Samen zur Reife von Tannenhähern und Eichhörnchen regelrecht geerntet werden. Auch der Mensch verzehrt die schmackhaften Zirbelnüsse, die 70 % Fett und 20 % Eiweiß enthalten. Arven können 700–1000 Jahre alt werden. Man unterscheidet 2 Unterarten, die Alpen-Arve (Alpen und Karpaten) und die Sibirische Arve (Nordrussland, Sibirien).

J	F	M	A	M	J	J	A	S	O	N	D

Pinus mugo **Berg-Kiefer, Berg-Föhre**

1 Niederliegender Großstrauch (selten als Baum)

2 Kurztriebe 2-nadelig, Nadelscheiden bleibend

3 Zapfen 3–7 cm lang, am Grunde häufig stark asymmetrisch

3er-Check

Merkmale: Als Großstrauch mehrstämmig, als Baum einstämmig, bis 25 m hoch. Schuppenborke längsrissig, graubraun bis schwarzgrau. Nadeln steif, 2–8 cm lang und 1,3–2 mm breit. Männliche Blüten zu vielen am Grunde junger Langtriebe, gelb, walzlich, 1–1,6 cm lang. Weibliche Blütenstände blassrosa bis rot, zu 1–4 am Ende junger Langtriebe, aufrecht, 5–10 mm lang. Samen 4–5 mm lang, mit 1–1,5 mm langem Flügel.

Vorkommen: In der montanen und subalpinen Stufe, oberhalb der Waldgrenze. In den Bayerischen Alpen bis 2210 m. Als Haken-Kiefer, Berg-Föhre oder Spirke zwischen 800–1200 m. Gebirge Süd- und Mitteleuropas mit inselartig isolierten Verbreitungsgebieten.

Biologie: Die Berg-Kiefer ist ein Gehölz, das uns in großer Vielgestaltigkeit gegenübertritt. Die Zuordnung zu einer bestimmten Unterart oder Varietät fällt schwer, da die einzelnen Formen durch Übergänge miteinander verbunden sind. Das betrifft die Wuchsform, die Nadeln, vor allem aber die Zapfengestalt. Die Latschen sind oft viele Monate von hohem Schnee bedeckt. Sie spielen eine große Rolle bei der Bodenbefestigung an Lawinenhängen und helfen Erosionsschäden zu vermeiden.

| J | F | M | A | M | J | J | A | S | O | N | D |

Schwarz-Kiefer *Pinus nigra*

1 Zapfen am Grunde flach, Schuppen im oberen Teil stark spreizend, starr

2 Kurztriebe 2-nadelig, mit langer Nadelscheide, Nadeln steif

3 Borke großfelderig dunkelrissig

3er-Check

Merkmale: 30–40 m hoher Baum mit schwarzbrauner Schuppenborke. Krone anfangs dicht und ebenmäßig kegelförmig, im Alter weit ausladend und abgeflacht. Nadeln 8–18 cm lang. Männliche Blüten gelb, zu vielen am Grunde von Langtrieben, 2–2,8 mm lang. Weibliche Blütenstände zu 1–4,1 cm lang. Zapfen 3–10 cm lang. Samen 5–7 mm lang, mit bis 2,5 cm langem Flügel.

Vorkommen: Auf mittel- bis flachgründigen, mäßig nährstoffreichen, gut drainierten Lehm- oder Sandböden. Meist in der montanen Höhenstufe, oft bis zur Waldgrenze. Das Verbreitungsgebiet gliedert sich in mehrere Teilareale in denen gut unterscheidbare Unterarten auftreten.

Biologie: Die Zapfen reifen im 2. Jahr und fallen im Frühling des 3. Jahres mit dem kurzen Stiel ab. Jungbäume erreichen schon mit 15 Jahren Blühfähigkeit. Sie werden bis zu 500 Jahre alt. In Mitteleuropa wird vor allem die Österreichische Schwarz-Kiefer angepflanzt, die ausgezeichnet gedeiht und auch Luft- und sommerliche Trockenheit gut verträgt. Sie ist ein beliebter Garten- und Parkbaum, da sie eine dichte und geschlossene Krone aufweist. Auch als Forstgehölz hat sie sich bewährt.

J	F	M	A	M	J	J	A	S	O	N	D

Pinus strobus **Weymouths Kiefer**

1

2

3

1	Zapfen gebogen, hängend; Schuppen biegsam, stark spreizend
2	Kurztriebe 5-nadelig, Nadeln sehr weich
3	Zapfen deutlich gestielt, harzig

3er-Check

Merkmale: 30–60 m hoher Baum mit lockerer, kegelförmiger, im Alter oft einseitig abgeflachter Krone und schwarzgrauer Schuppenborke. Nadeln 7,5–12 cm lang. Männliche Blüten gelb, zu vielen am Grunde von jungen Langtrieben. Weibliche Blütenstände zu 1–4 am Ende junger Langtriebe, 1–1,5 cm lang, hellrot. Zapfen 8–20 cm lang. Samen 5–7 mm lang, mit 1,5–2 cm langem Flügel.

Vorkommen: Auf sehr feuchten, tiefgründigen Böden, vorwiegend im Tiefland, in den Appalachen jedoch bis zu einer Höhe von 1300 m aufsteigend. Nordöstliches Nordamerika.

Biologie: Nadeln meist nur 3 Jahre bleibend. Die Zapfen reifen im 2. Jahr und fallen mit den Stielen ab. Ab 1705 ist sie auch in Europa angepflanzt. Die Art ist nach Lord Weymouth benannt, der wesentlich zu ihrer einst weiten Verbreitung in Europa beitrug. Die ausgedehnten Bestände am natürlichen Standort sind durch einen aus Sibirien stammenden Pilz (Blasenrost), der über Europa nach Nordamerika eingeschleppt wurde, stark gefährdet. Auch in Mitteleuropa wirkt sich der Pilzbefall verhängnisvoll aus. In den Gärten angepflanzt, blüht die Weymouths Kiefer bereits nach 10–15 Jahren. Sie kann 500 Jahre alt werden.

J	F	M	A	M	J	J	A	S	O	N	D

Wald-Föhre, Wald-Kiefer *Pinus sylvestris*

3er-Check

1 Zapfen kurz gestielt, hängend; Schuppen weit klaffend, starr

2 Kurztriebe 2-nadelig, mit Nadelscheide; Nadeln oft gedreht

3 Ältere Borke kleinfelderig rissig

Merkmale: 20–35 m hoher Baum. Rinde rötlich oder orangefarben, sich papierartig dünn lösend. Schuppenborke grau- bis rotbraun. Nadeln 2,5–7,5 cm lang, blau- oder graugrün. Männliche Blüten 6–7 mm lang (s. Foto S. 225). Weibliche Blütenstände fast kugelförmig 5–6 mm groß. Zapfen 3–8 cm lang. Samen 3–5 mm groß, mit 1–1,5 cm langem Flügel.

Vorkommen: Auf mäßig trockenen bis nassen, basenreichen und kalkhaltigen bis sauren Lehm-, Sand-, Kies- oder Torfböden. Von der Ebene bis 350 m Höhe im Harz, 950 m im Schwarzwald und 1600 m in den Bayerischen Alpen. Europa bis Ostasien.

Biologie: Die Zapfen reifen im 2. Jahr, öffnen sich aber erst zu Beginn des 3. Jahres. Die Befruchtung der Samenanlagen erfolgt – wie bei allen Kiefern – erst nach 1 Jahr. Auch dann erst beginnen die jungen Zapfen zu wachsen und reifen im Herbst aus. Die Wald-Kiefer wird als Solitär mit etwa 15 Jahren blühfähig, im Bestand erst nach 30–40 Jahren. Sie erreicht ein Durchschnittsalter von 200–300 Jahren, kann aber auch 600 Jahre alt werden. Je nach Standort und geographischer Lage werden zahlreiche Varietäten und ökologische Rassen unterschieden.

J	F	M	A	M	J	J	A	S	O	N	D

Pinus wallichiana **Tränen-Kiefer**

1

2

1 Reife Zapfen weit klaffend, hängend, weichschuppig

2 Kurztriebe 5-nadelig; Nadeln lang, weich, überhängend

3 Junge Zapfen mit Harztränen

3er-Check

3

Merkmale: 30–50 m hoher Baum mit lichter, pyramidaler Krone und schwarzbrauner, längsrissiger Schuppenborke. Nadelscheiden 1,6–2 cm lang, aber schon im 1. Jahr abfallend. Nadeln 12–20 cm lang und 1 mm breit. Männliche Blüten 1,5–2 cm lang. Weibliche Blütenstände zu 1–5, 2,5 cm lang. Reife Zapfen 2–5 cm lang gestielt, 15–25 cm lang, mit den Stielen abfallend.

Vorkommen: Auf mittel- bis tiefgründigen, lockeren, feuchten, aber gut wasserdurchlässigen basischen oder schwach sauren Böden. In Höhenlagen von 1800–3750 m. Reinbestände bildend oder vergesellschaftet mit der Langnadeligen Kiefer, der Himalaja-Tanne und Himalaja-Zeder. Himalaja; von Ost-Afghanistan bis Nepal, Bhutan, Nordburma und Westchina.

Biologie: Die Tränen-Kiefer ist eine der ornamentalsten bei uns angepflanzen Kiefern. Leider ist sie, ähnlich der Weymouths Kiefer, empfindlich gegen den Blasenrost und erreicht daher nur selten ein höheres Alter. Sie ist lichtbedürftig und mit einem jährlichen Zuwachs von 0,5–1 m sehr raschwüchsig. Empfindlich hingegen ist sie gegen Wind und Schneelast. Nach Europa gelangte die Tränen-Kiefer durch den englischen Botaniker Lambert 1823.

| J | F | M | A | M | J | J | A | S | O | N | D |

Lawsons Scheinzypresse *Chamaecyparis lawsoniana*

3er-Check

1 Blüten rot, Triebe nicht glänzend

2 Zapfenschuppen mit kurzer Spitze (auf dem Foto die jungen Zapfen)

3 Reife Zapfen kugelförmig, starr

Merkmale: 40–50 m hoher Baum mit silber- oder tief rotbrauner, längsrissiger Borke. Krone dicht, schmal-kegelförmig bis zylindrisch, mit überhängendem Gipfeltrieb. Zweige fächer- oder breitfederförmig, in einer Ebene abgeflacht. Blätter gegenständig, sich dachziegelartig deckend, stumpf bis deutlich zugespitzt. Blütenknospen schon im Herbst ausgebildet, zahlreich. Zapfen dunkel rotbraun, 7–10 mm groß, mit 6–8 Schuppen. Samen je Schuppe 2–4, breit geflügelt, 2–3 mm lang.

Vorkommen: Auf feuchten, mittel- bis tiefgründigen Lehmböden in luftfeuchter Klimalage. Von der Ebene zu Gebirgslagen von 1700 m Höhe. Pazifisches Nordamerika. 200 km langer und 50–65 km breiter Küstenstreifen von Süd-Oregon bis Nordwest-Kalifornien.

Biologie: Die Bäume erlangen ihre Blühfähigkeit am heimatlichen Standort mit 20 Jahren, bei uns schon mit 8–10 Jahren. Sie können ein Alter von über 500 Jahren erreichen. Sie wachsen in Reinbeständen oder vergesellschaftet mit Riesen-Lebensbaum, Sitka-Fichte, Riesen-Tanne, Westlicher Hemlock und Douglasie. Die Samen reifen im 1. Jahr. Lawsons Scheinzypresse gelangte 1854 nach Europa. Sie ist bei uns völlig winterhart und wird 20–30 m hoch.

| J | F | M | A | M | J | J | A | S | O | N | D |

Chamaecyparis nootkatensis **Nootka-Scheinzypresse**

1

1 Blüten gelb, Triebe herabhängend, nicht glänzend

2 Zapfen kugelförmig, starr; Zapfenschuppen dornartig verlängert

2er-Check

2

Merkmale: 20–35 m hoher Baum mit längsrissiger, purpur- oder graubrauner Borke. Krone dicht, ebenmäßig schmal-kegelförmig, mit überhängendem Gipfeltrieb, im Alter breiter. Zweige hängend. Junge Triebe abgeflacht und federartig verzweigt. Blätter kreuzgegenständig, stachelspitzig, dunkel blaugrün. Männliche Blüten eiförmig, 2–3 mm lang. Weibliche Blütenstände unscheinbar, schieferblau. Zapfen kugelförmig aus 4(–6) Schuppen bestehend. Samen 3–4 mm lang, mit 2, etwa 2 mm breiten Flügeln.

Vorkommen: Auf tiefgründigen, feuchten, vorwiegend sauren Böden in kühler und feuchter Klimalage. Vor allem in Höhenlagen von 650–2500 m. Pazifisches Nordamerika von Südwest-Alaska, dem westlichen British Columbia bis Washington und Oregon.

Biologie: Die Samen benötigen bis zur Reife 2 Jahre. Die Bäume wachsen langsam und können bis zu 1000 Jahre alt werden. Sie stehen selten in Reinbeständen, meist vergesellschaftet mit Sitka-Fichte, Riesen-Lebensbaum, Riesen- und Rocky-Mountains-Tanne. 1851 gelangte die Nootka-Scheinzypresse nach Europa. In Mitteleuropa ist sie völlig winterhart. Besonders beliebt ist die locker beastete 'Pendula'-Form mit langen, schlaff hängenden Zweigen.

J	F	M	A	M	J	J	A	S	O	N	D

Rauchzypresse, Flusszeder *Calocedrus decurrens*

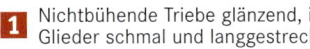

1 Nichtbühende Triebe glänzend, ihre Glieder schmal und langgestreckt

2 Männliche Blüten gelb, schon im Winterhalbjahr an den Triebspitzen

3 Zapfen mit 3 starren Schuppen

3er-Check

Merkmale: 30–40 m hoher, säulenförmiger bis schmal-pyramidaler Baum mit dunkel- bis rotbrauner Schuppenborke. Zweige fächerförmig angeordnet, ganz von den dicht deckenden Blättern umkleidet und berindet. Blätter in 4-zähligen Quirlen. Männliche Blüten hellgelb, 3-5 mm lang; weibliche Blütenstände unscheinbar. Zapfen 1,5–2,5 cm lang. Samen mit Harztasche um den Samenkörper, 8–12 mm lang, etwa 1 cm lang geflügelt.

Vorkommen: Auf nährstoffreichen, frischen, tiefgründigen sandigen oder reinen Lehmböden; in feuchten Tälern oder an Berghängen in Höhenlagen von 900 2500 m. Pazifisches Nordamerika, von Oregon über Kalifornien (Westhänge des Kaskaden-Gebirges und der Sierra Nevada) bis zum nördlichen Niederkalifornien.

Biologie: Die Rauchzypressen wurden 1846 entdeckt und 1953 nach Schottland eingeführt. Aufgrund ihres ebenmäßigen Wuchses werden sie gern in Parkanlagen angepflanzt. Die Samen reifen im 1. Jahr und keimen auch bei uns mitunter in Parks. Ab einem Alter von 5–15 Jahren beginnen sie rasch zu wachsen und werden mit etwa 25 jahren blühfähig. Sie können am heimatlichen Standort bis 1000 Jahre alt werden.

| J | F | M | A | M | J | J | A | S | O | N | D |

RL 3   *Juniperus sabina* **Sadebaum**

1 Zweige niederliegend bis aufsteigend

2 Beerenzapfen grün bis schwarzblau, bereift

3 Zerriebene Blätter unangenehm duftend

3er-Check

Merkmale: 1–2 m hoher, breiter, dicht verzweigter Strauch mit rotbrauner Rinde und dünner, sich in horizontalen Streifen abrollender Borke. Junge Triebe 1–1,5 mm dick, von den Blättern bzw. Nadelpolstern umrindet. Blätter gegenständig, von zweierlei Gestalt. Jugendblätter nadelförmig, 4–5 mm lang, oberseits flach. Schuppenblätter länglich-lanzettlich. Männliche Blüten eiförmig, 2–2,5 mm groß. Weibliche Blütenstände mit 4–6 Schuppen. Beerenzapfen kugelförmig, 5–7 mm groß, mit 2–3 eiförmigen Samen.

Vorkommen: In Felsritzen, auf Felshängen, in Steppenrasen sowie in schütteren Kiefern- und Lärchenwäldern. Von der montanen bis zur alpinen Stufe; bis 3000 m hoch ansteigend. Süd- und südliches Mitteleuropa, bis nach Mittelasien. In Deutschland nur in Süd-Bayern. Häufiger in Österreich und in der Schweiz.

Biologie: Beim Sadebaum oder Stink-Wacholder sind die Blüten ein- oder zweihäusig verteilt. Die Beerenzapfen reifen im Herbst des 1. oder erst im Frühjahr des 2. Jahres. Alle Teile der Pflanze sind giftig! Hauptwirkstoff ist ein ätherisches Öl, das Sabinen, Salinylacetat sowie Thujon enthält. Bereits 6 Tropfen dieses ätherischen Öles können zum Tode führen.

J	F	M	A	M	J	J	A	S	O	N	D

Abendländischer Lebensbaum *Thuja occidentalis*

1 Zapfen länglich; Zapfenschuppen stumpf, biegsam

2 Triebe hellgrün, nicht glänzend

3 Krone schmal-kegelförmig

3er-Check

Merkmale: 15–20 m hoher, oft vom Grunde an mehrstämmiger Baum mit dichter Krone und längsrissiger, rotbrauner Borke. Triebe meist waagerecht abstehend, stark abgeflacht, von den Blättern völlig umrindet. Blätter gegenständig. Triebe im Winter olivgrün bis bronzefarben. Männliche Blüten 1,5–2 mm lang, gelbbraun. Weibliche Blütenstände unscheinbar, 1,5–2,5 mm lang. Zapfen zur Reife dunkel rotbraun, 1–1,3 cm lang. Samen 5 mm lang und 1 mm breit, zweiseitig etwa 1 mm breit geflügelt.

Vorkommen: Auf mittel- bis tiefgründigen, wasserdurchlässigen Böden. Atlantisches Nordamerika. Von Ostkanada über das Gebiet der Großen Seen bis New York; seltener in den Appalachen.

Biologie: Die Blüten sind einhäusig verteilt und werden bereits im Herbst ausgebildet. Die Zapfen reifen im 1. Jahr, bleiben aber noch bis zum Winter des folgenden Jahres an den Zweigen. Am heimatlichen Standort werden die Bäume mit 20–25 Jahren, bei uns oft schon im Alter von 10–15 Jahren blühfähig. Nach Europa gelangte der Abendländische Lebensbaum schon 1536, nach Deutschland 1588. In Mitteleuropa ist er völlig winterhart. Er ist durch das Monoterpen Thujon stark giftig!

J	F	M	A	M	J	J	A	S	O	N	D

Thuja plicata **Riesen-Lebensbaum**

1 Triebe oberseits dunkelgrün glänzend; Sprossglieder kurz

2 Zapfen länglich; Zapfenschuppen zugespitzt, biegsam

3 Reife Zapfen stark spreizend

3er-Check

Merkmale: 30–50 m hoher Baum mit längsstreifiger, hell zimt- bis dunkel rotbrauner Schuppenborke. Krone schmal-kegelförmig, im Alter mehr säulenförmiger Baum. Junge Triebe stark abgeflacht, zerrieben aromatisch duftend. Im Winter grün bleibend. Männliche Blüten gelb, eiförmig, 1–2 mm lang. Weibliche Blütenstände unscheinbar, etwa 2 mm lang, grünlich, oft rosa überhaucht. Zapfen 1,5–2 cm lang. Samen länglich-elliptisch, 5 mm lang, seitlich von einem 1,5 mm breiten Flügel gesäumt.

Vorkommen: Auf frischen, tiefgründigen, feuchten, nährstoffreichen Böden; in niederschlagsreicher und luftfeuchter Klimalage. Pazifisches Nordamerika in der Küstenregion von Süd-Alaska, West-British-Columbia, Washington, Oregon bis zum nördlichen Kalifornien.

Biologie: Die Zapfen reifen im 1. Jahr. Mit etwa 20 Jahren werden die Bäume blühfähig. Sie können ein Alter von 600 Jahren erreichen. Der Riesen-Lebensbaum gelangte 1853 nach Europa. Aufgrund seines ebenmäßigen Wuchses ist er häufig in Parkanlagen angepflanzt und in Mitteleuropa völlig winterhart. Die Bäume können auch bei uns Höhen von über 30 m und Stammdurchmesser von 1 m erreichen.

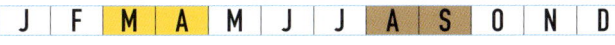

| J | F | M | A | M | J | J | A | S | O | N | D |

Morgenländ. Lebensbaum

Platycladus orientalis

1

2

2er-Check

1 Zapfenschuppen hakenartig gekrümmt, starr, unreif blaugrün

2 Reifer Zapfen braun, Schuppen schrumpfend und stark spreizend

Merkmale: 10–15 m hoher, oft vom Grund an mehrstämmiger Baum mit grau- bis rotbrauner Borke. Krone dicht. Jungtriebe aufrecht stehend. Blätter an den Haupttrieben 7–8 mm, sonst nur etwa 2 mm groß. Männliche Blüten hellgelb, 2 mm groß. Weibliche Blütenstände unscheinbar, 1–1,5 cm groß. Zapfen 2 cm lang. Samen braun, 5–6 mm lang, ungeflügelt.

Vorkommen: Auf mittel- bis tiefgründigen, humosen, feuchten, aber gut wasserdurchlässigen Lehmböden über basischem oder saurem Gestein. In Höhenlagen zwischen 300 und 3300 m. Nord- und Westchina, Mandschurei, Korea, Nordiran.

Biologie: Von den nahe verwandten amerikanischen Lebensbäumen unterscheidet sich der Morgenländische Lebensbaum durch eine abweichende Zapfengestalt und die ungeflügelten Samen. Mit 10–15 Jahren erlangen die Bäume ihre Blühfähigkeit. Wann er nach Europa gelangte, scheint nicht eindeutig geklärt. Die Angaben schwanken zwischen 1690 und 1752. In Mitteleuropa ist der Morgenländische Lebensbaum in den milderen Klimabereichen winterhart und häufig in Gärten und Parks angepflanzt. Er wird bei uns 5–10 m groß.

J	F	M	A	M	J	J	A	S	O	N	D

Sequoiadendron giganteum **(Berg–)Mammutbaum**

1 Zapfen hängend, eiförmig, 4–6 cm lang, ohne Haken oder Dornen

2 Nadeln gerade, graugrün, spitzwinklig abstehend

3 Borke fuchsrot, längsfaserig

3er-Check

Merkmale: 50–80 m hoher Baum mit dicker und schwammiger Borke. Krone anfangs kegelförmig, im Alter locker und unregelmäßig gerundet, mit langschäftigem Stamm. Stämme bis 8 m dick. Zweige völlig von den 4–6 mm langen Blättern berindet. Blätter später mit den Zweigen abfallend. Männliche Blüten gelblich, elliptisch, 7–12 mm lang, schon im Herbst angelegt. Weibliche Blütenstände unscheinbar, ca. 1 cm lang. Samen geflügelt, 3–6 mm lang.

Vorkommen: Auf feuchten, tiefgründigen, nährstoffreichen Böden in Höhenlagen von 1350–2500 m. Die Niederschläge am Naturstandort liegen bei 1100–1500 mm pro Jahr. Pazifisches Nordamerika. Westhänge der Sierra Nevada Kaliforniens.

Biologie: Die Zapfen benötigen bis zur Reife 2 Jahre. Sie verbleiben oft über mehrere Jahre geschlossen am Baum. Samen können nur in einem mineralischen Keimbett keimen; die Sämlinge benötigen viel Licht. Günstige Keimungsbedingen herrschen nach Waldbränden. Der Mammutbaum kann ein Alter von 2500–3000 Jahren erreichen, wie Jahresringauszählungen belegen. Nach Mitteleuropa gelangte erstes Saatgut 1853. Heute gibt es in Deutschland über 50 m hohe Bäume mit beachtlich dicken Stämmen.

| J | F | M | A | M | J | J | A | S | O | N | D |

Kornelkirsche *Cornus mas*

1 Frucht elliptisch, rot glänzend, 2 cm lang

2 Blätter eiförmig bis elliptisch

3 Kugelförmige Blütenstandsknopsen schon im Spätsommer sichtbar

3er-Check

Merkmale: Sommergrüner, sparrig verzweigter, 3–6 m hoher Strauch oder kleiner Baum mit graubrauner Schuppenborke. Junge Zweige schwach 4-kantig. Blätter 5–10 mm lang gestielt, mit 8–10 cm langer Spreite. Blüten gelb, zwittrig, 4-zählig, in kleinen Dolden, vor dem Laubaustrieb erscheinend (s. Foto S. 227). Steinfrucht mit einem 2-samigen, 1 cm langem Steinkern.

Vorkommen: In lichten Eichen- und Laubmischwäldern, an Waldsäumen und in Gebüschen; an sommerwarmen, trockenen Hängen; auf mittel- bis tiefgründigen Lehm- und Steinböden. Europa bis Kleinasien. In Deutschland nur im Saar-Mosel-Gebiet, im niedersächsischen Hügelland, dem Harz, Thüringen und im Fränkischen Jura. In den Südalpen bis zu einer Höhe von 1300 m.

Biologie: Die Kornelkirsche ist eines unserer ersten Blütengehölze im Frühling. Blütenbesucher sind vor allem Bienen und Fliegen, die Nektar und Pollen aufnehmen. Die Früchte werden von Vögeln verbreitet. Zur Vollreife sind die Gerbstoffe abgebaut und die Früchte auch für den Menschen wohlschmeckend. Die Kornelkirsche kann 100 Jahre alt werden und hat ein schweres und festes Holz, das als Drechslerholz geschätzt ist.

J	F	M	A	M	J	J	A	S	O	N	D

Cornus sanguinea **Roter Hartriegel**

1 2

1 Blüten in schirmförmigen Rispen, weiß, 4-zählig

2 Blätter elliptisch, zugespitzt

3 Frucht kugelförmig, schwarzblau, Fruchtstiele rot

3er-Check

3

Merkmale: Sommergrüner, 1,5–5 m hoher, reichverzweigter Strauch. Zweige im Winter rot gefärbt (Name!). Blätter 10–15 mm lang gestielt, mit bis zu 10 cm langer Spreite, die oberseits angedrückt, unterseits vor allem auf den Adern behaart ist. Blüten zwittrig. Steinfrucht 5–8 mm groß.

Vorkommen: In Auenwäldern, lichten Buchen- und Eichen-Hainbuchen-Wäldern, in Gebüschen und in Saumgesellschaften; auf nährstoffreichen, humosen Lehmböden. Europa, nördliches Kleinasien, Kaukasien. In Mitteleuropa vom Norddeutschen Tiefland bis zu den Alpen in Höhen bis 1500 m.

Biologie: Der Rote Hartriegel ist ein Gehölz mit großer ökologischer Bandbreite. Er wächst häufig vergesellschaftet mit Schlehe, Hunds-Rose, Liguster und Wolligem Schneeball. Als Pioniergehölz besiedelt er Brachen und aufgelassene Wiesen und Weinberge ebenso wie Straßen- und Bahndämme. Durch Wurzelsprosse können sehr dichte Gebüsche entstehen. Die Blüten werden von zahlreichen Insekten aufgesucht, die Nektar und Pollen sammeln. Vögel verbreiten die 2-samigen Steinkerne. Für den Menschen sind die Früchte ungenießbar.

| J | F | M | A | M | J | J | A | S | O | N | D |

Mistel *Viscum album*

3er-Check

1 Gabelig verzweigter, kugelförmiger Halbparasit auf Bäumen

2 Blätter ledrig, spatelförmig

3 Früchte weiß, kugelförmig, erbsengroß

Merkmale: Immergrüner Strauch, bis 1 m groß, kahl, gelblichgrün. Blätter bis 6,5 cm lang und 13 mm breit. Blüten meist 4-zählig, zu 3–5 zwischen den Gabelästen. Männliche Blüten 2–4 mm lang gelb, Blütenblätter mit den Staubblättern verwachsen. Weibliche Blüten mit nur 1mm langer, grünlicher Blütenhülle.

Vorkommen: Von Europa (mit Ausnahme Irlands, Sardiniens und des größten Teiles von Skandinaviens sowie des nördlichen und östlichen Russlands) bis Mittel- und Ostasien, Westasien und Nordwestafrika. Vom Tiefland bis in Gebirgslagen von 1400 m Höhe.

Biologie: Pflanze mit zweihäusig verteilten Blüten. Von der Mistel können bei uns 3 Unterarten gefunden werden. Die Laubholz-Mistel parasitiert ausschließlich auf Laubgehölzen, insbesondere Pappeln, Weiden, Apfelbäumen, Linden, Robinien. Die Tannen-Mistel ist auf der Weiß-Tanne und die Kiefern-Mistel auf der Wald-Kiefer anzutreffen. Die Früchte werden von Misteldrosseln, Singdrosseln und Seidenschwänzen, übertragen. Die Vögel fressen häufig nur den weichen Fruchtteil und streifen den Samen am Ast ab. Die Samen keimen nur bei Licht. Mit Hilfe so genannter Senker werden die Leitbündel des Wirtsbaumes angezapft.

J	F	M	A	M	J	J	A	S	O	N	D

§   *Buxus sempervirens* **Buchsbaum**

3er-Check

1 Immergrüner Strauch mit 4-kantigen, grünen Zweigen

2 Blätter eiförmig bis länglich-oval

3 Fruchtkapsel eiförmig, 3-hörnig

Merkmale: Dicht verzweigter Strauch oder kleiner Baum bis 8 m Höhe mit graubrauner, runzeliger Borke. Blätter kurz gestielt, mit 1,5–2 cm langer, lederiger Spreite. Blüten in achsel- oder endständigen, mehrblütigen Knäueln mit endständiger weiblicher Blüte und seitenständigen männlichen Blüten. Kronblätter fehlend. Frucht 7–8 mm lang, lederig-runzelig, zur Reife in 3 gehörnte Teile zerfallend. Samen 5–6 mm groß, 3-kantig, schwarz.

Vorkommen: Auf lockeren, mittelgründigen, durchlässigen, meist kalkhaltigen Steinschuttböden; in Buchen- und Flaum-Eichen-Wäldern. Vom Flachland bis in Gebirgslagen. Europa bis Kaukasus. In Deutschland nur im Moselgebiet und in Südbaden.

Biologie: Die kleinen und unscheinbaren Blüten sind duftlos und werden von Bienen und Fliegen aufgesucht, die Nektar und Pollen sammeln. Die Samen werden von Ameisen verbreitet. Der Buchsbaum wächst sehr langsam. Er gedeiht bei sehr starker Beschattung im Wald als auch an vollsonnigen Hängen. Als Einfassungspflanze in Barockgärten verträgt der Buchs über Jahrzehnte hinweg einen starken Rückschnitt. Der Buchsbaum enthält Alkaloide und ist in allen Teilen giftig!

J	F	M	A	M	J	J	A	S	O	N	D

Gemeiner Liguster *Ligustrum vulgare*

3er-Check

1 Blüten in endständigen Rispen, weiß, 4-zählig

2 Blätter kurz gestielt, beidseitig kahl

3 Früchte kugelförmig, schwarz glänzend

Merkmale: Sommergrüner, stark verzweigter 5–7 m hoher Strauch mit grauer Rinde. Blätter lederig, 3–7 cm lang. Blütenhülle 4-zählig, Krone 5 mm lang, mit 2 Staubblättern. Steinfrüchte mit 1–4 Steinkernen. Samen 5–6 mm groß.

Vorkommen: Auf sommerwarmen und wechseltrockenen, kalk- und basenreichen, lockeren Ton-, Lehm- und Sandböden. In lichten Eichen- und Kiefern-Wäldern, an Waldrändern und in Gebüschen. In den Mittelgebirgen bis 400 m, in den nördlichen Alpen bis 1100 m hoch ansteigend. Europa bis Kaukasus und Kleinasien. In Mitteleuropa vor allem in Mittel- und Süddeutschland.

Biologie: Der Liguster ist eine Licht- bis Halbschattenpflanze. Die Blüten werden von Bienen, Hummeln und Fliegen aufgesucht, die Nektar und Pollen sammeln. Die Verbreitung der Früchte übernehmen Vögel. Liguster ist ein Pioniergehölz auf Äckern, Wiesen und Brachen. Seit langem ist er auch ein wichtiges Gartengehölz und eignet sich vor allem als Heckenpflanze, die einen jährlichen Rückschnitt verträgt. Die Art ist Wirtspflanze des Ligusterschwärmers, der dank der häufigen Liguster-Anpflanzung auch in den Städten heimisch ist. Die Früchte sind giftig!

J	F	M	A	M	J	J	A	S	O	N	D

Syringa vulgaris **Gemeiner Flieder**

1 Gabelig verzweigter Großstrauch; Blüten 4-zählig, in langen Rispen

2 Blätter herzförmig, kahl

2er-Check

Merkmale: 2–6 m hoher Strauch oder kleiner Baum. Stämme oft drehwüchsig, mit längsrissiger, grauer Borke. Zweige ohne Endknospe. Blätter mit 1,5–2,5 cm langem Blattstiel und 5–7 cm langer Spreite. Blüten mit kleinem Kelch und langer Kronröhre. Kapselfrüchte sich 2-klappig öffnend. Samen 10 mm lang.

Vorkommen: An vollsonnigen, Felshängen, in lichten Wäldern; auf sommertrockenen, schwach sauren bis kalkreichen, flachgründigen Böden. Südosteuropa; Rumänien, Bulgarien, Serbien, Mazedonien, Albanien und Nordostgriechenland.

Biologie: Der Gemeine Flieder ist nicht heimisch, sondern gelangte um 1560 aus Konstantinopel über Wien zu uns. Er hat sich schnell ausgebreitet und kann mit seinen Ausläufern dichte Gebüsche bilden. Vor der letzten Eiszeit war er jedoch, wie auch die Rosskastanie, in Mitteleuropa heimisch. An den Nektar können nur langrüsselige Insekten wie Hautflügler und Schmetterlinge gelangen. Angepflanzt wird weniger die blauviolett blühende Wildform als vielmehr Züchtungen mit verschiedenfarbigen und oft auch gefüllten Blüten. Die Blüten duften intensiv. Die Duftstoffe, ätherische Öle, werden zur Parfümherstellung genutzt.

J	F	M	A	M	J	J	A	S	O	N	D

Alpen-Heckenkirsche *Lonicera alpigena*

2 **1**

3er-Check

1 Blütenpaare lang gestielt, Blüten 2-lippig

2 Blätter lang-elliptisch

3 Doppelbeere 1 cm dick, kugelförmig, rot, einzeln

3

Merkmale: Sommergrüner, aufrechter, mäßig verzweigter Strauch von 1–3 m Höhe mit graubraunen Zweigen. Blätter 1–2 cm lang gestielt, mit 8–12 cm langer Spreite. Blüten zwittrig, gelblichgrün bis schmutzigrot, 10–18 mm lang.

Vorkommen: Auf frischen, humosen, nährstoffreichen, mittel- bis tiefgründigen, steinigen Lehm- und Tonböden, vorzugsweise auf Kalk. In krautreichen Buchen- und Bergmischwäldern, an Waldrändern und in Hochstaudenfluren. Vergesellschaftet mit Alpen-Heckenrose, Gemeinem Seidelbast und Trauben-Holunder. Die Alpen-Heckenkirsche ist eine Halbschattenpflanze, die jedoch auch an vollsonnigen Standorten gedeiht. Vorwiegend in der Bergwaldstufe; in den Alpen bis 2000 m hoch ansteigend. Gebirge Mittel- und Südeuropas. In Deutschland vor allem südlich der Donau.

Biologie: Die fast unauffälligen Blüten werden vor allem von Bienen, Hummeln und Wespen bestäubt, die den Nektar saugen. Bemerkenswert sind die Doppelfrüchte, die aus der Verwachsung der beiden dicht beieinander liegenden Fruchtknoten hervorgehen. Die Samenverbreitung erfolgt durch Vögel. Die Früchte sind für den Menschen ungenießbar bis giftig.

| J | F | M | A | M | J | J | A | S | O | N | D |

Lonicera caerulea **Blaue Heckenkirsche**

1 Früchte einzeln, achselständig, blauschwarz, bereift

2 Blätter eiförmig, unterseits blaugrün

3 Blüten paarweise; Fruchtknoten von becherartiger Hülle geborgen

3er-Check

Merkmale: Sommergrüner, reich verzweigter 1–2 m hoher Strauch. Junge Zweige rotbraun, bläulich bereift. Blätter 1–4 mm lang gestielt, mit 2–8 cm langer Spreite. Blüten trichterförmig, gelblich-weiß, sich schon während der Laubentfaltung öffnend. Früchte einzeln (keine Doppelbeeren), 10–12 mm groß.

Vorkommen: Auf feuchten, nährstoff- und basenarmen, meist sauren Rohhumusböden. In lichten Arven-, Lärchen- und Bergmischwäldern, in Kiefernmooren und im Kleinstrauchgebüsch. In den Alpen bis 2450 m hoch ansteigend. Europäische Hochgebirge mit Ausnahme der Vogesen und des Schwarzwaldes. Nordeuropa bis Sibirien und Nordasien. Die Blaue Heckenkirsche hat das größte Verbreitungsgebiet aller Heckenkirschen-Arten.

Biologie: Bemerkenswert sind die Früchte, bei denen das Fruchtfleisch vor allem aus blütennahen, becherartig verwachsenen Blattorganen hervorgeht, die die nicht miteinander verwachsenen Fruchtknoten umgeben. Neben den Achselknospen werden häufig noch Beiknospen gebildet, die in einer Reihe über den Knospen stehen. Die Blaue Heckenkirsche wächst vergesellschaftet mit der Alpen-Waldrebe, Grün-Erle und Heidelbeere.

| J | F | M | A | M | J | J | A | S | O | N | D |

Schwarze Heckenkirsche *Lonicera nigra*

1 Früchte kugelig, blauschwarz

2 Blätter länglich-elliptisch, unterseits bläulichgrün

3 Blütenpaare 2–3cm lang gestielt; Blüten 2-lippig

3er-Check

Merkmale: Sommergrüner, reich verzweigter 1–1,5 m hoher Strauch mit dünnen graubraunen Zweigen. Blätter 2–5 mm lang gestielt, mit 3–7 cm langer Spreite. Blüten weißlich bis trübrosa, 1 cm lang. Früchte 8–10 mm dick.

Vorkommen: Zerstreut in Gebirgs-Nadelwäldern, insbesondere Tannen-Wäldern und Gebüschen, in Grün-Erlen-Beständen; auf frischen, feuchten, mittel- bis tiefgründigen, kalkfreien, sauren, modrig-humosen, oft steinigen Böden. In den Alpen bis auf 2200 m hoch ansteigend, meist in Höhenlagen von 600–1800 m. Gebirge Süd-, West- und Mitteleuropas. Von den Pyrenäen über die Alpen bis zu den Karpaten, dem Apennin und westlichen Balkan.

Biologie: Halbschatten- oder Schattenpflanze; vergesellschaftet mit Alpen-Heckenkirsche, Trauben-Holunder, Himbeere und Hasel. Die Bestäubung der Blüten erfolgt vor allem durch Bienen. Bei der Schwarzen Heckenkirsche sind die Früchte eines Paares nur am Grunde miteinander verwachsen. Sie sind ungenießbar und gelten als giftig, weshalb sie auch als Hunds- oder Teufelsbeeren bezeichnet werden. Ihre Verbreitung erfolgt durch Vögel.

Blätter einfach, ganzrandig, gegenständig

Lonicera periclymenum **Wald-Geißblatt**

1 Blüten kopfig am Triebende, gelblich-weiß, außen rosa getönt

2 Blätter eiförmig bis schmal-elliptisch

3 Beeren rot, zu mehreren endständig

3er-Check

Merkmale: Sommergrüner, rechtswindender, über 5 m hoch kletternder Strauch. Blätter sitzend oder kurz gestielt, 5–8 cm lang. Blüten zwittrig, 3–5 cm groß, 2-lippig, mit langer, schwach gebogener Kronröhre. Fruchtknoten unterständig, zu einer 7–8 mm großen Beere auswachsend.

Vorkommen: Auf feuchten, nährstoff- und kalkarmen, humosen Lehmböden. In Eichen-, Eichen-Hainbuchen- und Birken-Wäldern; auf Kahlschlägen und in Schonungen. Nördlichstes Nordwestafrika, Europa. In Deutschland allgemein verbreitet, jedoch nach Osten zu abnehmend. Von Tieflagen bis zu 800 m Höhe in den Gebirgen.

Biologie: Das Wald-Geißblatt ist eine der wenigen heimischen windenden Lianen. Die Winderichtung ist genetisch festgelegt und erfolgt im Uhrzeigersinn (rechtswindend). Die Blüten werden von Nachtfaltern bestäubt. Erst am Abend entfalten sie sich und verströmen einen intensiven Duft. Das Umwinden von Stämmen und Zweigen kann zu starken Schädigungen der Bäume führen, indem der Saftstrom unterbunden wird. Häufig kommt es seitens des Wirtsbaumes zu Überwallungen, die zu einem schraubenartigen Wuchs führen.

J	F	M	A	M	J	J	A	S	O	N	D

79

Tataren-Heckenkirsche *Lonicera tatarica*

1 Blüten 2-lippig, in achselständigen Paaren, weiß bis rot

2 Blätter läglich-oval, kurz zugespitzt

3 Beeren kugelförmig, hellrot oder gelb

3er-Check

Merkmale: Sommergrüner, 2–4 m hoher Strauch mit dünnen grauen Zweigen und kahlen Trieben. Blätter 2–6 mm lang gestielt, mit 3–6 cm langer Spreite. Blütenpaare 1,5–2 cm lang gestielt, Blüten 1,5–2 cm lang. Beeren 5–7 mm groß, mit 3–7 Samen.

Vorkommen: Halbschattengehölz. Auf feuchten bis wechseltrockenen, nährstoffreichen, mittel- bis tiefgründigen, sauren, aber auch kalkhaltigen Lehmböden. Mittel- und Ostrussland; in Sibirien bis zum Altai-Gebirge, südlich bis Turkestan.

Biologie: Die Tataren-Heckenkirsche kam 1752 nach Mitteleuropa. Sie wird als Zierstrauch in Gärten und Parkanlagen angepflanzt und ist die mit Abstand am häufigsten anzutreffende Art. Die Blüten werden durch Hummeln bestäubt, die Beeren von Vögeln gefressen. Durch Vogelverbreitung ist die Tataren-Heckenkirsche in Deutchland stellenweise verwildert oder hat sich eingebürgert. Es gibt mehrere Varietäten und Gartenformen, die sich vor allem in der Wuchsform, der Blüten- und Fruchtfarbe sowie der Blattform unterscheiden. Die Tataren-Heckenkirsche ist mit der Roten Heckenkirsche nah verwandt. Mit mehreren ähnlichen Arten bildet sie Hybriden, die auch kultiviert werden.

J	F	M	A	M	J	J	A	S	O	N	D

Lonicera xylosteum **Rote Heckenkirsche**

1 Beeren kugelförmig, glänzend rot

2 Blätter eiförmig, kurz zugespitzt, beidseitig fein behaart

3 Blüten 2-lippig, paarweise, sich von weiß nach gelb verfärbend

3er-Check

Merkmale: Sommergrüner, aufrechter 1–3 m hoher, breitbuschiger Strauch mit dünnen, graubraunen Zweigen und lang zugespitzten Knospen. Rinde sich in Streifen ablösend. Blüten 10–15 mm lang. Beeren 5–7 mm groß.

Vorkommen: Auf frischen, nährstoff- und basenreichen, oft kalkhaltigen, tiefgründigen Lehm- oder Tonböden. In krautreichen Eichen-, Eichen-Hainbuchen-, Buchen- und lichten Kiefern-Wäldern sowie Waldsäumen und in Gebüschen. Wichtiger Bestandteil der Strauchschicht in Eichen-Hainbuchen-Niederwäldern. Europa bis Sibirien zum Altai-Gebirge, nördliches Kleinasien und Kaukasus. In Mitteleuropa meist häufig; vom Tiefland bis in Gebirgslagen, in den Bayerischen Alpen bis 1070 m hoch ansteigend.

Biologie: Die Rote Heckenkirsche ist eine Halbschatten- oder Schattenpflanze. Sie wächst vergesellschaftet mit Hasel, Sauerdorn, Liguster, Wolligem Schneeball und Purgier-Kreuzdorn. Die Blüten werden von Hummeln bestäubt, die, im Unterschied zu den Bienen, mit ihrem längeren Rüssel bis zum Nektar gelangen. Die Beeren werden durch Vögel, z. B. Amseln, Drosseln, Grasmücken, verbreitet, die die für den Menschen giftigen Früchte verzehren.

| J | F | M | A | M | J | J | A | S | O | N | D |

Gemeine Schneebeere *Symphoricarpos albus*

1 Frucht kugelförmig bis elliptisch, weiß

2 Blätter eiförmig bis elliptisch

3 Blüten in dichten kurzen Ähren; Krone glockenförmig

3er-Check

Merkmale: Sommergrüner, reich verzweigter, 1–2 m hoher Strauch mit graubraunen, kahlen Zweigen und sich später in Längsstreifen ablösender Rinde. Blätter 2–5 mm lang gestielt, mit 2–6 cm langer Spreite. Blüten zwittrig, endständig oder in den Blattachseln, zeitlich verzögert nacheinander erblühend, 5–6 mm lang. Früchte 10–15 mm groß, mit 2 Steinkernen.

Vorkommen: Auf mittel- bis tiefgründigen, nährstoffreichen, mäßig sauren bis basenreichen Auen- und Lehmböden. Flussufer, Auenwälder, Laubmischwälder. Vom Flachland bis in Gebirgslagen von 1300 m ansteigend. Pazifisches Nordamerika von Alaska bis Kalifornien, östlich bis Montana und Colorado.

Biologie: Die Gemeine Schneebeere kam erst 1906 nach Europa. Aufgrund ihrer Anspruchslosigkeit und Raschwüchsigkeit verwildert sie leicht und hat sich vielerorts eingebürgert. Dank der unterirdischen Sprosse vermag sie sich schnell auszubreiten und innerhalb kurzer Zeit große Flächen zu besiedeln. Die Blüten werden durch Fliegen, Bienen und Wespen bestäubt; Amseln und Drosseln fressen die Früchte und verbreiten die Samen. Die Früchte sind giftig!

| J | F | M | A | M | J | J | A | S | O | N | D |

Fagus sylvatica **Rot-Buche**

1 Blätter oval bis breit-elliptisch, Seitennerven parallel

2 Fruchtbecher verholzt, 3-kantige Nussfrüchte enthaltend

3 Borke glatt, silbrig

3er-Check

Merkmale: Sommergrüner, 25–30 m hoher Baum, im Bestand langschäftig, im Freistand mit starken Ästen breitkronig und fast bis zum Erdboden beastet. Blätter 10–15 mm lang gestielt, mit 3–7 cm großer Spreite. Blüten unscheinbar, in eingeschlechtigen Ständen (vgl. Foto S. 226); Pflanzen einhäusig. Männliche Stände hängend, vielblütig; weibliche 2-blütig, von einem Becher umhüllt. Früchte 2 cm lang, braun.

Vorkommen: Auf lockeren, mittelgründigen, gut drainierten, steinigen, nährstoffreichen Lehmböden; sowohl auf saurem als auch karbonatreichem Untergrund. Europa. In Mitteleuropa vom Flachland bis zu 1600 m in den Alpen.

Biologie: Die Buche ist in Mitteleuropa der wichtigste Waldbaum und bildet in mittleren Gebirgslagen Reinbestände. Buchen meiden große Temperaturgegensätze und Trockenperioden. Sie benötigen ein mildes, feuchtes Klima ohne kalte Winter. Die Niederschläge dürfen nicht unter 500 mm/Jahr absinken. Die Blüten werden vom Wind bestäubt, die Früchte von Vögeln und Säugetieren verbreitet. Buchen erlangen im Freistand mit 15–20 Jahren ihre Blühfähigkeit und können 300 Jahre alt werden.

J	F	M	A	M	J	J	A	S	O	N	D

Korb-Weide *Salix viminalis*

1 Blätter schmal-lanzettlich bis linealisch, am Rand leicht eingerollt

2 Zweige gerundet, Knospen anliegend, grau behaart

3 Blattunterseite silbrig, seidig glänzend

3er-Check

Merkmale: Sommergrüner, 3–10 m hoher Strauch oder Baum mit aufrechten Ästen und tief längsrissiger Borke. Junge Zweige grausamtig behaart. Blätter bis 10 mm lang gestielt, bis 15 cm lang und 15 mm breit. Blüten in eingeschlechtigen, bis 3 cm langen Kätzchen, zweihäusig verteilt, vor dem Laubaustrieb blühend.

Vorkommen: Nährstoffreiche, basenreiche Sand-, Schlick und Tonböden. Auenwälder und Auengebüsche, Bach- und Flussufer. Vom Flachland bis zu Höhenlagen von 800 m, vor allem jedoch im Gebirge. Europa bis Sibirien.

Biologie: Die Korb-Weide verträgt periodische Überflutungen. Ihr heutiges Verbreitungsgebiet ist größer als das natürliche, da sie vom Menschen angepflanzt und genutzt wird. Duch regelmäßigen Rückschnitt bilden sich jährlich bis 2,5 m lange Ruten, die wegen ihrer guten Biegbarkeit zu Flecht- und Bindearbeiten verwendet werden. In den letzten Jahrzehnten ist die Nutzung zurückgegangen. Aus landespflegerischen Gründen erfolgt oft weiterhin ein Schnitt um die charakteristische Kronenform zu erhalten. Die Korb-Weide lässt sich leicht durch Steckhölzer vermehren. Auch abgebrochene Zweige bewurzeln leicht.

J	F	M	A	M	J	J	A	S	O	N	D

RL 3　　　　　*Ledum palustre* **Sumpf-Porst**

> **1** Wintergrüner Strauch; Blüten in kurzen Trauben
>
> **2** Blätter eingerollt, unterseits rostrot-wollig behaart
>
> **3** Fruchtkapseln an gebogenen Stielen hängend

3er-Check

Merkmale: 1–1,5 m hoher, quirlig verzweigter Strauch. Junge Triebe hellbraun, weißlich behaart und mit kleinen Drüsen besetzt. Blätter 2–3 mm lang gestielt, mit 1,8–3,5 cm langer, 2–8 mm breiter Spreite. Blüten weiß, in endständigen, gedrungenen, vielblütigen Trauben, 10–15 mm groß. Kapsel 3–6 mm lang.

Vorkommen: Auf nassen, nährstoffarmen, sauren Torfböden und feuchten, humusreichen Sandböden. In Kiefern- und Waldmooren. Europa, Nordasien, nördlches Nordamerika und Westgrönland. In Mitteleuropa östlich der Weser. In Deutschland an vielen Stellen (Schwarzwald, Oberpfalz, Süddeutschland) ausgestorben.

Biologie: Die Blüten werden durch Insekten bestäubt; die feinen Samen überträgt der Wind. Blätter des Vorjahres werden im Herbst abgeworfen. Sie zeichnen sich durch einen markanten Geruch nach Bohnerwachs und Kampfer aus, der von ätherischen Ölen herrührt. Die ätherischen Öle wurden als Hopfenersatz früher auch dem Bier zugesetzt. Sie besitzen eine starke berauschende Wirkung. Die Blätter wurden auch als Mittel gegen Motten genutzt. Durch Zerstörung der Standorte ist der Sumpf-Porst auch in Norddeuschland bedroht.

| J | F | M | A | M | J | J | A | S | O | N | D |

Gemeine Zwergmispel *Cotoneaster integerrimus*

1 Strauch mit kurz wollig behaarten Zweigen

2 Blätter länglich-oval, zugespitzt, unterseits gelblich-filzig

3 Früchte einzeln stehend, rundlich, scharlachrot

3er-Check

Merkmale: Reich verzweigter, sommergrüner, 1–1,5 m hoher Strauch. Blätter 2–4,5 cm groß. Blüten in 1–4-zähligen traubenartigen Ständen. Kronblätter kaum länger als der Kelch, blassrosa, etwas zusammenneigend. Früchte 6–8 mm groß, mit 2–4 Steinkernen.

Vorkommen: Auf steinigen, an Humus und Feinerde armen Böden; auf vollsonnigen, südexponierten, sommerwarmen und sommertrockenen Felshängen unterschiedlichen Gesteins (Kalk, Quarzporphyr, Dolomit). In lichten Eichen- und Kiefern-Wäldern. Von Europa bis zur Krim; Kleinasien, Kaukasus. In Europa nordwestlich bis England, nördlich bis Südskandinavien. In Deutschland vor allem in Südwest- und Süddeutschland, jedoch nicht häufig. In den Alpen bis 2000 m hoch ansteigend.

Biologie: Die Geimeine Zwergmispel wächst häufig vergesellschaftet mit der Gemeinen Felsenbirne, seltener auch mit dem Sauerdorn. Sie verträgt an sonnenexponierten Stellen starke Erwärmung und Sommertrockenheit. Die recht unscheinbaren Blüten werden vor allem von Bienen bestäubt. Die Fruchtverbreitung erfolgt durch Vögel.

| J | F | M | A | M | J | J | A | S | O | N | D |

Cotoneaster tomentosus **Filzige Zwergmispel**

1 Blätter oval bis breit-oval

2 Früchte rot, in Doldentrauben

2er-Check

Merkmale: Sommergrüner, mäßig verzweigter, 1–2 m hoher Strauch mit etwas überhängenden, grau-filzig behaarten Zweigen. Blätter 2–6 mm lang gestielt, 3–6 cm groß, oberseits fast kahl, unterseits dicht grau-filzig. Blüten zwittrig, zu 2–15, end- oder achselständig, 10–12 mm groß, blassrosa; Kronblätter deutlich länger als der Kelch. Früchte 7–8 mm groß, mit bleibendem Kelch, schwach filzig behaart, mit 3–5 Steinkernen.

Vorkommen: Auf steinigen, mild-humosen, meist flachgründigen Schotterböden auf vorwiegend kalkhaltigem Untergrund. An Wald- und Gebüschsäumen, in lichten Eichen- und Eichen-Kiefern-Mischwäldern; in halbschattiger bis sonniger, sommerwarmer Lage. Vor allem in der montanen Stufe, in den Alpen bis zu 2400 m Höhe. Südeuropa und südliches Mitteleuropa. In Deutschland nicht häufig vorkommend

Biologie: Die recht unscheinbaren Blüten werden wegen des Nektars von langrüsseligen Insekten aufgesucht und bestäubt. Vögel verbreiten die Früchte. In der Gartenkultur spielt die Filzige Zwergmispel aufgrund ihres geringen Zierwertes keine besondere Rolle und ist daher nur sehr selten anzutreffen.

| J | F | M | A | M | J | J | A | S | O | N | D |

Stechginster, Gaspeldorn *Ulex europaeus*

1

2

1 Zweige grün, gerieft; Blüten gelb

2 Alle Zweigenden und Blätter dornig

2er-Check

Merkmale: Immergrüner, sparriger, 1–1,5 m hoher, dicht bewehrter und empfindlich stehender Strauch. Blätter pfriemförmig, 4–8 mm lang. Blüten zu 1–3 an seitenständigen Kurztrieben. Kelch gelblich, stark behaart. Kronblätter bis 2 cm lang. Hülse 1–2 cm lang, vom bleibenden Kelch umgeben, filzig behaart, mit 2–4 Samen.

Vorkommen: Vorwiegend auf saurem Gestein. Auf humosen Sandböden, mageren Heide- und durchlässigen Lehmböden. Atlantisches Westeuropa. In Mitteleuropa nur eingebürgert; in Deutschland vor allem im Küstengebiet.

Biologie: Der Stechginster ist eine Charakterpflannze der atlantischen Heide. Hier wächst er vergesellschaftet mit anderen Ginster-Arten, der Grauen Heide und dem Adlerfarn und bildet undurchdringliche Dickichte. Die Blüten werden von Bienen und Hummeln besucht. Sie werden sogar im Winter ausgebildet. Selbst im Weinbauklima ist der Stechginster in strengeren Wintern frostgefährdet. Die Früchte öffnen sich explosionsartig und schleudern die Samen weg. Diese werden, am Boden liegend, von Ameisen verbreitet, die durch ein ölhaltiges Anhangsgebilde (Elaiosom) angelockt werden, das sie verzehren.

J	F	M	A	M	J	J	A	S	O	N	D

Elaeagnus angustifolia **Schmalblättrige Ölweide**

1 Blüten außen silbrig; Blätter oberseits mattgrün, unterseits silbrig

2 Zweige dicht silbrig behaart

3 Unreife Früchte blassgrün, elliptisch

3er-Check

Merkmale: Sommergrüner, oft dornig bewehrter Großstrauch oder bis 7 m hoher Baum mit längsrissiger Streifenborke und breiter Krone mit überhängenden Ästen. Silbrige Farbe durch winzige Schuppenhaare. Blätter 5–8 mm lang gestielt, schmal-lanzettlich, 4–8 cm lang. Blüten zu 2–3 in den Blattachseln, zwittrig oder männlich, 4-zählig; Blütenhülle einfach, glockig. Frucht elliptisch, steinfruchtartig, 7–14 mm lang, Fruchtwand mehlig-fleischig.

Vorkommen: Auf mittel- bis tiefgründigen, durchlässigen Stein-, Kies-, Sand- und Lehmböden. An Küsten, Fluss- und Seeufern, in Flugsandvertiefungen und Dünentälern. Vom Tiefland bis auf Höhen von 700 m ansteigend. Klein- und Westasien bis zum Altai-Gebirge. Vielfach angepflanzt und eingebürgert.

Biologie: Die Schmalblättrige Ölweide ist ein lichtbedürftiges Gehölz. Die Blüten verströmen ihren intensiven Duft auch nachts. Blütenbesucher bei uns sind vor allem Bienen. Die Früchte sind 1-samig und schmecken, vor allem bei Kultursorten, bei denen sie 2 cm lang und 1 cm breit werden können. Im Orient werden sie häufig auf Märkten angeboten. Sie enthalten Eiweiß, Glukose, Fruktose sowie Kalium und Phosphor.

J F M A M J J A S O N D

Sanddorn *Hippophae rhamnoides*

2 1

1 Frucht kugel- bis eiförmig, orange-farben

2 Blätter lanzettlich-linealisch, unterseits silbrig weiß

3 Blüten unscheinbar, bräunlich, in kurzen Trauben

3er-Check

3

Merkmale: Sommergrüner, dornig bewehrter Strauch oder bis 10 m hoher Baum mit graubrauner, längsrissiger Borke. Junge Zweige und Blätter dicht mit silbrigen Schildhaaren bekleidet. Blätter 1–2 mm lang gestielt, 1–6 cm lang und 3–10 mm breit. Blüten unscheinbar, eingeschlechtig, zweihäusig verteilt; sich vor dem Laubaustrieb öffnend. Früchte 7–8 mm groß.

Vorkommen: Auf tiefenfeuchten, kalkhaltigen, humus- und feinerde-armen Kies- und Sandböden. In lichten Kiefernwäldern, Schotterauen, Flussbetten und in Kiesgruben als Pioniergehölz. Eurasien. Küsten der Nord- und Ostsee. Vom Meeresspiegel bis zu den Alpen, hier bis 1900 m hoch ansteigend.

Biologie: Durch Wurzelsprosse kann der Sanddorn in kurzer Zeit große und dichte Bestände bilden. Er wächst in Gesellschaft von Erlen- und Weiden-Arten. Die Blüten werden durch den Wind, aber auch durch Insekten bestäubt. Die sehr sauren Früchte enthalten viel Apfelsäure und sind sehr vitaminreich. Heimische Vogelarten verschmähen die Früchte zumeist, sodass sie ausbleichend bis zum Frühjahr an den Pflanzen verbleiben. Beim Durchzug von Wintergästen sind mache Sträucher schnell abgeerntet.

J	F	M	A	M	J	J	A	S	O	N	D

Frangula alnus **Faulbaum**

1 Früchte kugelförmig, schwarzviolett

2 Blätter breit-eiförmig bis elliptisch

3 Rinde dunkel rotbraun, mit auffälligen hellen Korkwarzen

3er-Check

Merkmale: Sommergrüner, aufrechter, 1,5–3 m hoher Strauch oder gelegentlich bis 7 m hoher Baum. Blätter 8–12 mm lang gestielt, mit 3–6 cm langer Spreite. Blüten zwittrig, zu 3–7 blattachselständig (vgl. Foto S. 227); Kronblätter weiß, kürzer oder so lang wie der Kelch. Steinfrüchte 7–8 mm groß, mit 2–3 Steinkernen.

Vorkommen: Auf staunassen bis wechselfeuchten, mageren, basenreichen bis sauren, tiefgründigen Lehm-, Ton- und Sandböden. In Erlenbrüchen, Birkenmooren, Auenwäldern sowie in lichten Laub-, Laubmisch- und Nadelwäldern. Europa bis Westsibirien, Kleinasien bis Nordiran. In Mitteleuropa allgemein verbreitet; vom Tiefland bis zu 1400 m Höhe in den Alpen aufsteigend.

Biologie: Blüten werden über einen langen Zeitraum hinweg gebildet, sodass meist Blüten und reifende Früchte nebeneinander zu sehen sind. Die Blüten werden durch Fliegen, Bienen, Wespen und Käfer bestäubt. Vögel verbreiten die Früchte. Aus der Rinde wird die Droge »Cortex Frangulae« gewonnen, die stark abführende Wirkung hat. Aus dem Holz gewann man früher Holzkohle zur Schießpulverbereitung. Der Faulbaum führt daher auch den Namen Pulverbaum.

| J | F | M | A | M | J | J | A | S | O | N | D |

Perückenstrauch *Cotinus coggygria*

2 **1**

3

1 Strauch mit behaarten Fruchtständen

2 Blätter elliptisch bis rundlich, beidseitig kahl

3 Früchte braun, abgeplattet, 5 mm
lang

3er-Check

Merkmale: Sommergrüner, reich verzweigter, 3–5 m hoher Strauch
oder kleiner Baum mit dunkler, kleinfeldriger Borke. Junge Zweige
kahl, hell- bis rotbraun. Blätter 1–2 cm lang gestielt, mit 5–8 cm
großer Spreite. Blüten zwittrig oder eingeschlechtig, gelblichgrün,
in 15–20 cm langen Rispen an jungen Trieben. Blütenstiele sich
später streckend und mit spreizenden Haaren besetzt.

Vorkommen: Auf felsigem oder steinigem Untergrund und meist
kalkhaltigen, mäßig nährstoffreichen Böden. Auf sonnigen und
warmen Hängen; auch in lichten Laubmischwäldern. Von der
Ebene bis in mittlere Gebirgslagen. Balkan-Halbinsel, östliches
Mittelmeergebiet bis nach Mittelasien.

Biologie: Der Perückenstrauch wird bei uns seit Mitte des 17. Jahrhunderts wegen seiner federartigen Fruchtstände und der intensiv
orangeroten Herbstfärbung angepflanzt. Auf guten Böden wird er
meist viel größer als am heimatlichen Standort, wo er infolge von
Trockenheit oft kaum Meterhöhe erreicht. Die sich im Herbst
lösenden Fruchtstände können sich am Erdboden zu größeren Bal-
len verhaken und werden vom Wind verweht. Das Kernholz enthält
den Farbstoff Fisetin, der früher in der Färberei verwendet wurde.

J	F	M	A	M	J	J	A	S	O	N	D

Lycium barbarum **Bocksdorn**

1

1 Blüten hellviolett, zu 1–3 an Kurztrieben

2 Beeren elliptisch, rot glänzend

2er-Check

2

Merkmale: Sommergrüner, dornig bewehrter, 2–3 m hoher Strauch mit bogig überhängenden Zweigen. Blätter der Langtriebe wechselständig, an den Kurztrieben rosettig, in Form und Größe sehr variabel, meist lanzettlich, 3–6 cm lang. Blüten mit trichterförmiger Röhre, 15 mm lang. Beeren 1–2 cm groß.

Vorkommen: Auf nährstoff- und basenreihen, oft kalkhaltigen, lockeren oder steinigen Böden. Vorzugsweise in sommerwarmer, sonniger Lage an Hängen. Häufig an Schuttplätzen, im Bahngelände oder auf ungenutzten Flächen im Siedlungsbereich. Mittelchina. In Europa, Westasien und Nordafrika eingebürgert.

Biologie: Der Bocksdorn gelangte 1772 nach Europa und ist in Mittel- und Südeuropa stellenweise verwildert. Aufgrund seiner Salztoleranz und Abgasverträglichkeit wird er im Mittelstreifen der Autobahnen angepflanzt. Die Blüten werden von Bienen und Hummeln bestäubt. Sie färben sich beim Verblühen von violett nach gelb. Die Beeren werden von Vögeln verbreitet. Der Bocksdorn ist in allen Teilen giftig, da er Glykoside, Alkaloide und Hyoscyamin enthält. Im Herbst werden die Pflanzen häufig von Mehltau befallen, der die Blätter mit einem grauen Belag überzieht.

J	F	M	A	M	J	J	A	S	O	N	D

Gemeines Pfaffenhütchen *Euonymus europaea*

1 Kreuzgegenständig beblätterter, dicht verzweigter Strauch

2 Zweige 4-kantig oder gerieft

3 Frucht ungeflügelt; Samen weiß, ganz vom Samenmantel umhüllt

3er-Check

Merkmale: Sommergrüner, sparrig verzweigter Strauch oder kleiner Baum von 2–6 m Höhe. Zweige bisweilen mit Korkleisten. Blätter 5–8 mm lang gestielt; Spreite zugespitzt, 5–8 cm lang. Blüten zwittrig, in 2–9-blütigen, Trugdolden (vgl. Foto S. 227). Kronblätter gelbgrün, 3–5 mm lang. Fruchtkapsel hängend, 10–15 mm breit.

Vorkommen: Auf mittel- bis tiefgründigen, nährstoff- und basenreichen, wechselfeuchten, oft kalkhaltigen Lehm- und Tonböden. In Laubmisch- und Auenwäldern, an Waldsäumen und in Gebüschen. Europa. In Mitteleuropa weit verbreitet; vom Norddeutschen Tiefland bis zu 1200 m Höhe in den Alpen.

Biologie: Die Blüten, die viel Nektar absondern, werden von Insekten, vor allem Fliegen bestäubt. Die Verbreitung der Samen erfolgt durch Amseln, Drosseln, Rotkehlchen. Die Samen fallen nicht aus den geöffneten Kapseln, sondern bleiben an der Fruchtwand angeheftet. Häufig werden die Pflanzen kurz nach dem Austrieb von einer Gespinstmotte befallen, deren Raupen die Zweige völlig kahl fressen können und mit einem Gespinst überziehen. Ein zweiter Blattaustrieb bleibt verschont, sodass die Sträucher nicht zu stark geschädigt werden. Alle Teile des Pfaffenhütchens sind giftig!

J	F	M	A	M	J	J	A	S	O	N	D

Euonymus latifolia

Breitblättriges Pfaffenhütchen

1

2

3

1 Frucht geflügelt; Samen weiß, ganz vom Samenmantel umhüllt

2 Blätter breit-oval, zugespitzt, beidseitig kahl

3 Knospen lang und spitz, die seitlichen gebogen

3er-Check

Merkmale: Sommergrüner, aufrechter, nur mäßig verzweigter, bis 5 m hoher Strauch mit etwas überhängenden Zweigen. Winterknospen 1–2,5 cm lang. Blätter 5–10 mm lang gestielt, mit 8–14 cm langer Spreite. Blattrand fein gesägt. Blüten zwittrig, in 6–15-blütigen, blattachselständigen Trugdolden; Kronblätter grünlichgelb, 2–3 mm lang. Früchte 1,5 cm lang und bis 2,5 cm breit.

Vorkommen: Auf mittel- bis tiefgründigen, kalk- und nährstoffreichen, lockeren Mull- und Lehmböden. In krautreichen Buchen- und Laubmischwäldern. Vorwiegend im Ahorn-Linden-Wald, aber auch in Buchen-Wäldern in warmer, luftfeuchter Klimalage. Europa, Kleinasien, Kaukasus, Nordiran, Nordwestafrika. In Deutschland selten anzutreffen, nur südlich der Donau, vorwiegend im Bergland bis zu Höhen von 1600 m in den Alpen.

Biologie: Das Breitblättrige Pfaffenhütchen ist eine Halbschattenpflanze. Die Blüten produzieren reichlich Nektar und werden von Insekten, vor allem Fliegen bestäubt. Vögel verbreiten die Samen, die für den Menschen giftig sind! In den Gärten wird die Art wegen der ansehnlichen Knospen, Blätter und Früchte häufig angepflanzt. Sie wird nur selten von Gespinstmotten befallen.

J	F	M	A	M	J	J	A	S	O	N	D

Warzen-Pfaffenhütchen *Euonymus verrucosa*

1 Blüten gelblichgrün, fein rötlich punktiert

2 Zweige durch dunkle Korkwarzen rau

3 Samen schwarz, nur unvollständig vom Samenmantel umhüllt

3er-Check

Merkmale: Sommergrüner, reich verzweigter, 0,5–2 m hoher Strauch. Blätter 1–3 mm lang gestielt, mit länglich-eiförmiger, 3–6 cm langer Spreite, am Rand fein gesägt. Blüten zwittrig, 4-zählig, in hängenden, 2–9-zähligen Trugdolden, 6–10 mm breit. Kapseln 10–12 mm breit, bleichrosa bis rötlich. Samen 6–7 mm groß.

Vorkommen: Auf meist kalkhaltigen, flach- bis mittelgründigen, sandigen, steinigen oder reinen Lehmböden; an feuchten bis sommerwarmen, trockenen Hängen. In lichten Buchen-, Eichen-, Laub- und Nadelmischwäldern sowie Gebüschen. Ost- und Südosteuropa bis zur Wolga, zum Ural und dem Kaukasus. Von der Ebene bis zu Höhenlagen von 1800 m. Fehlt in Deutschland.

Biologie: Die Blüten sondern reichlich Nektar ab, der von Fliegen und Hautflüglern aufgenommen wird. Die Samen werden mit dem dicken und fleischigen Samenmantel von Vögeln verzehrt und verbreitet. Eine Besonderheit beim Warzen-Pfaffenhütchen ist, dass die Samen am sich teilweise fädig verlängerndem Samenmantel aus der geöffneten Frucht heraushängen. Die Gespinstmotte befällt auch diese Art und es kommt häufig zum Kahlfraß, der erst durch einen erneuten späteren Laubaustrieb ausgeglichen werden kann.

J	F	M	A	M	J	J	A	S	O	N	D

Rhamnus cathartica **Purgier-Kreuzdorn**

1 Dornig bewehrter Strauch; Früchte kugelig, glänzend, schwarzviolett

2 Blätter eiförmig, Rand fein gezähnt

3 Blüten gelbgrün, in blattachselständigen Scheindolden

3er-Check

Merkmale: Sommergrüner, sparriger, kreuzgegenständig verzweigter, 2–3 m hoher Strauch mit rot- bis schwarzbrauner, horizontal abrollender Ringelborke. Blätter 1–3 cm lang gestielt, mit 3–7 cm langer Spreite. Blüten eingeschlechtig, mit jeweils sterilen Teilen des anderen Geschlechtes, 4-zählig. Kronblätter doppelt so lang wie der Kelch, 5–6 mm groß. Steinfrüchte 6–8 mm groß, saftig-fleischig, mit 2–4 Steinkernen.

Vorkommen: Auf basenreichen, häufig kalkhaltigen, humosen, lockeren, steinigen Lehmböden oder flachgründigen Steinböden. In Auen- und feuchten Laubmischwäldern, an Waldsäumen, aber auch an sommerwarmen und sommertrockenen Standorten in Gebüschen. Europa, bis Westsibirien und zum Altai-Gebirge. In Deutschland weit verbreitet vom Norddeutschen Tiefland bis zu den Alpen in Höhen von 1600 m.

Biologie: Vergesellschaftet ist der Purgier-Kreuzdorn mit Schlehe, Rotem Hartriegel, Liguster, Berberitze und Hasel. Die nektarreichen Blüten werden von verschiedenen Insekten aufgesucht, die für den Menschen giftigen Früchte von Vögeln verzehrt. Früchte und Rinden sind als abführende Droge im Handel.

| J | F | M | A | M | J | J | A | S | O | N | D |

Pfeifenstrauch *Philadelphus coronarius*

2 1

1 Blüten in enständigen Trauben, weiß, duftend, Hülle 4-zählig

2 Blätter eiförmig bis elliptisch, entfernt gezähnt

3 Winterknospen nicht sichtbar

3er-Check

Merkmale: Sommergrüner, reich verzweigter, 1–3 m hoher Strauch mit braunen bis rotbraunen Zweigen und sich im 2. Jahr in langen Streifen ablösender Rinde. Blätter sehr kurz gestielt, 4–8 cm lang. Blüten zwittrig; Kronblätter 10–15 mm lang; Staubblätter zahlreich. Kapsel mit vielen, 3 mm langen Samen.

Vorkommen: Auf basen- und kalkreichen, mittel- bis tiefgründigen Stein- und Lehmböden. In wärmeliebenden Laubholzgebüschen und an Waldrändern. Europa. Von den Südostalpen bis nach Umbrien; Siebenbürgen. Meist in Gebirgslagen, hier bis 700 m Höhe.

Biologie: Blütenbesucher sind Bienen, Fliegen und Käfer, die Nektar und Pollen sammeln. Dank der großen und ansehnlichen Blüten und des Blütenduftes wird der Pfeifenstrauch oder Falsche Jasmin schon seit dem 16. Jahrhundert in den Gärten Mitteleuropas angepflanzt. Die Blüten duften nicht nur tagsüber, sondern auch nachts. Vor allem die Schösslinge werden häufig von Läusen befallen, insbesondere der Schwarzen Bohnen- oder Rübenlaus. Ihr Name nimmt darauf Bezug, dass sie während ihrer Entwicklung einen Wirtswechsel vollziehen muss und auch an Ackerbohnen, Rüben oder Klatschmohn parasitiert.

J	F	M	A	M	J	J	A	S	O	N	D

Viburnum lantana **Wolliger Schneeball**

1 Früchte sich über rot nach schwarz färbend; Blätter breit-eiförmig

2 Blüten weiß, in dichten Schirmrispen

3 Zweige dicht graubraun-filzig

3er-Check

Merkmale: Sommergrüner, reich verzweigter 1–3 m hoher Strauch. Knospen ohne Knospenschuppen, Knospenhülle von jungen Laubblättern gebildet. Blätter 1–2 cm lang gestielt, Spreite lederig, 5–12 cm lang, oberseits dunkelgrün, unterseits dicht graufilzig. Blüten zwittrig, 5-zählig, in 5–10 cm breiten Ständen. Früchte abgeflacht-eiförmig, 7–8 mm lang, mit einem 1-samigen, 6–7 mm großen Steinkern.

Vorkommen: Auf kalkhaltigen, humosen, steinigen, nährstoff- und basenreichen Lehmböden. In lichten Eichen- und Kiefern-Wäldern, an Waldsäumen und in Gebüschen. Europa bis zum Kaukasus. In Deutschland von der Ebene bis zu 1900 m Höhe in den Alpen.

Biologie: Der Wollige Schneeball ist ein licht- und wärmebedürftiges Gehölz. Die intensiv duftenden Blüten werden von vielen Insekten, darunter Bienen, Fliegen und Käfer aufgesucht. Pollen wird reichlich, Nektar nur wenig gebildet. Die Früchte werden von Vögeln anscheinend nicht gern gefressen, da sie mancherorts eingetrocknet oft noch im Winter an den Zweigen stehen. Hingegen kann man gelegentlich Wespen beobachten, die das Fruchtfleisch abnagen.

| J | F | M | A | M | J | J | A | S | O | N | D |

Weißer Maulbeerbaum *Morus alba*

1

2

1 Fruchtstände weiß bis hellrosa, fade schmeckend

2 Blätter oft asymmetrisch gekerbt, oberseits glatt

2er-Check

Merkmale: Sommergrüner, 10–15 m hoher, breitkroniger Baum mit grau- bis rotbraunen Zweigen und längsrissiger, graubrauner Borke. Blätter 1–2,5 cm lang gestielt, mit breit-eiförmiger, 6–15 cm langer Spreite. Blüten eingeschlechtig, in getrennten Ständen in den Blattachseln; die länglichen Köpfchen 10–15 mm groß. Blütenhülle hellgrün, 4-zählig. Fruchtstände 1,5–2,5 cm lang.

Vorkommen: Auf mittel- bis tiefgründigen, nährstoffreichen Böden. In China, der Mandschurei und in Korea beheimatet. Im südlichen Europa schon seit dem 11. Jahrhundert angepflanzt und stellenweise verwildert oder eingebürgert.

Biologie: In Deutschland ist der Weiße Maulbeerbaum winterhart. Die Fruchtstände färben sich von grün nach weiß. Mitunter sind sie auch hellrosa gefärbt und können mit heranreifenden Fruchtständen des Schwarzen Maulbeerbaumes verwechselt werden. Das Fruchtfleisch geht aus den erhalten bleibenden Teilen der Blütenhülle hervor, die zur Reife saftig-fleischig sind und die Nussfrucht umhüllen. Die Maulbeeren schmecken süßlich-fade. Der Weiße Maulbeerbaum ist seit 4500 Jahren als Wirtspflanze für Seidenraupen in Kultur. Zweige und Blätter führen Milchsaft.

J	F	M	A	M	J	J	A	S	O	N	D

Morus nigra **Schwarzer Maulbeerbaum**

1 Blätter gekerbt bis gelappt, oberseits sehr rau

2 Fruchtstände dunkelviolett bis schwarz, wohlschmeckend

2er-Check

Merkmale: Sommergrüner, reich verzweigter, 5–15 m hoher Baum mit breiter Krone und graubrauner, längsrissiger Borke. Laubblätter 1,5–2,5 cm lang gestielt, mit 6–15 cm langer, am Rand grob gesägter Spreite. Blüten grünlich, eingeschlechtig, als getrennte Ähren in der Achsel der Blätter. Männliche Stände 2,5 cm lang, weibliche 10–15 mm lang. Fruchtstände 2–2,5 cm groß.

Vorkommen: Licht- und wärmebedüftiges Gehölz auf gut drainierten, mäßig nährstoffreichen, oft kalkhaltigen, mittelgründigen Stein- und Felsböden. Vorderasien. In Europa wird der Baum seit Mitte des 16. Jahrhunderts kultiviert und im milden Weinbauklima Deutschlands, Österreichs und der Schweiz gern angepflanzt.

Biologie: Im Mittelalter zog man den Schwarzen Maulbeerbaum oft in Klostergärten und bereitete aus den Fruchtständen Wein (»vinum moratum«). Maulbeerbäume können sehr alt werden, wobei das Innere des Stammes zerfällt. Erstaunlich gut ist das Regenerationsvermögen nach Rückschnitt. Aus dem Milchsaft führenden Trieben lassen sich Stecklinge machen. Das schön gemaserte Holz kann für Drechsler- und Intarsienarbeiten verwendet werden.

| J | F | M | A | M | J | J | A | S | O | N | D |

Gemeine Berberitze, Sauerdorn

Berberis vulgaris

3er-Check

1 Beeren in hängenden Trauben, elliptisch, leuchtend rot

2 Blätter nur an seitlichen Kurztrieben, grannenartig gezähnt

3 Triebe kantig-gerieft; Langtriebe mit 1- bis mehrteiligen Dornen

Merkmale: Sommergrüner, aufrechter, bewehrter Strauch von 1,5–3 m Höhe. Triebe graubraun. Blätter büschelig an den Kurztrieben, 2–15 mm lang gestielt, 1,5–4 cm lang, beidseitig kahl. Blüten zwittrig, gelb, in endständigen Trauben an den Kurztrieben (s. Foto S. 225). Beeren 8–10 mm lang, mit 1–3 Samen.

Vorkommen: Auf nährstoff- und basenreichen, wechseltrockenen Lehm-, Ton- und Mergelböden. An Waldrändern und im Saum sommerwarmer und sommertrockener Gebüsche. Europa bis zum Kaukasus. In Mitteleuropa vom Flachland bis in die Mittelgebirge; in den Alpen erreicht sie 2000 m Höhe.

Biologie: Die Berberitze ist ein lichtliebendes bis halbschattenverträgliches Gehölz und gilt als eine der Charakterarten wärmeliebender Saumgesellschaften. Sie wächst vergesellschaftet mit Wolligem Schneeball, Hasel, Rotem Hartriegel, Feld- und Bibernell-Rose. Blütenbesucher, vor allem Bienen, werden mit Nektar und Pollen beköstigt. Sie lösen beim Eindringen in die Blüte durch Berühren der Staubfäden eine Krümmungsbewegung zum Stempel hin aus, während der das Haarkleid mit Pollen versetzt wird. Die vitaminreichen Beeren werden von Vögeln verzehrt.

J	F	M	A	M	J	J	A	S	O	N	D

Ulmus glabra **Berg-Ulme**

3er-Check

1 Blattbasis stark asymmetrisch; Blätter sehr rau, doppelt gesägt

2 Blattspitze oft 3-zipfelig

3 Frucht sehr kurz gestielt, Samenkörper im Zentrum des Flügels

Merkmale: Sommergrüner, reich verzweigter, 30–40 m hoher Baum mit rundlicher Krone und graubrauner Borke. Blätter 3–5 mm lang gestielt, mit breit-eiförmiger bis breit-elliptischer, 10–15 cm langer Spreite. Blüten zwittrig, in kleinen Trugdolden, vor der Laubentfaltung geöffnet. Früchte breit-eiförmig bis rund, 1,6–2,3 cm groß.

Vorkommen: Auf nährstoff- und basenreichen, lockeren, humosen, Stein-, Lehm- und Tonböden. In Schlucht- und Hangwäldern, vor allem in der Hügel- und Gebirgsstufe. Europa. In Mitteleuropa vom norddeutschen Flachland bis zu den Alpen in Höhen von 1400 m.

Biologie: Die Berg-Ulme wächst, im Unterschied zu den anderen heimischen Arten, in Gebirgslagen. Sie ist Kennart der Berg-Ahorn-Eschen-Wälder sowie der Linden-Eschen-Wälder. Begleitgehölze sind Berg-Ahorn, Buche, Gemeine Esche, Winter- und Sommer-Linde, Gemeiner Schneeball und Trauben-Holunder. Die Früchte reifen schon zu Beginn des Laubaustriebes und stellen die ersten Assimilationsorgane dar. Sie werden vom Wind verbreitet und beginnen auf dem Erdboden sofort zu keimen. Mit 20 Jahren erlangen Berg-Ulmen ihre Blühfähigkeit. Sie können 400 Jahre alt werden und einen Stammdurchmesser von 1–2 m erreichen.

J	F	M	A	M	J	J	A	S	O	N	D

Flatter-Ulme *Ulmus laevis*

2 **1**

1 Blätter weich, kaum rau; Basis stark asymmetrisch

2 Früchte fädig gestielt

3 Stamm mit zahlreichen Jungtrieben, am Grunde mit Brettwurzelansätzen

3er-Check

3

Merkmale: Sommergrüner, 10–35 m hoher Baum mit lockerer, gerundeter Krone und graubrauner, längsrissiger Borke. Blätter 2 mm lang gestielt, mit 10–20 cm langer Spreite, deren Rand doppelt gesägt ist. Blüten gebüschelt in der Achsel von Knospenschuppen, unscheinbar, mit einfacher Blütenhülle. Früchte 1–3,5 cm lang, silbrig bewimpert.

Vorkommen: Auf nährstoff- und basenreichen, sickernassen, humosen, sandigen Lehm- und Tonböden. Vor allem gewässerbegleitend; in Auenwäldern und in feuchten Mischwäldern. Europa. In Deutschland vor allem in den östlichen und nordöstlichen Teilen, aber auch an Rhein und Donau.

Biologie: Die Flatter-Ulme ist ein Tiefwurzler, der auch im Sommer ausreichend Feuchtigkeit benötigt. Sie ist das einzige heimische Gehölz, das in Ansätzen Brettwurzeln ausbilden kann. In der Hartholzaue wächst sie vergesellschaftet mit Stiel-Eiche, Gemeiner Esche und dem Spitz-Ahorn. Trotz Windblütigkeit werden die Blüten von Insekten aufgesucht, die Pollen sammeln. Die Flatter-Ulme kann ein Alter von 250 Jahren erreichen. Sie ist, wenn auch weniger stark wie die Feld-Ulme, vom Ulmensterben bedroht.

| J | F | M | A | M | J | J | A | S | O | N | D |

RL 3   *Ulmus minor* **Feld-Ulme**

3er-Check

1 Blattbasis stark asymmetrisch; Spreite etwas rau

2 Zweige junger Bäume häufig mit Korkleisten

3 Früchte fast ungestielt, Flügel bis zum Samenkörper eingeschnitten

Merkmale: Sommergrüner, bis 40 m hoher, breitkroniger Baum mit grau- bis graubrauner, längsrissiger Schuppenborke. Blätter 2–10 mm lang gestielt, mit 5–12 cm langer, am Rand einfach bis doppelt gesägter, länglich-elliptischer Spreite. Blüten in der Achsel von Knospenschuppen, zwittrig, unscheinbar, sich vor der Laubentfaltung öffnend (vgl. Foto S. 225). Flügelfrüchte 13–20 mm lang.

Vorkommen: Auf wechselfeuchten, nährstoffreichen, lockeren, humosen Lehm- und Tonböden. Vor allem im Bereich der großen Fluss- und Stromtäler in der Hartholzaue. Europa bis Kaukasus. Von der Ebene bis in Höhenlagen von 500 m.

Biologie: Die Feld-Ulme ist die vom Ulmensterben am stärksten betroffene Art. Ein Pilz, *Ceratocystis ulmi,* verursacht in den Gefäßen des Holzes Verstopfungen der Leitungsbahnen, sodass es zu einer Unterbrechung der Wasserversorgung kommt und Zweige absterben. Dieser Pilz wird durch Ulmensplintkäfer der Gattung *Scolytus* auf gesunde Bäume übertragen. Alte Feld-Ulmen sind kaum noch zu finden. Lediglich aus Wurzelsprossen hervorgegangene Jungbäume trifft man noch an, bis auch sie, nach beginnender Borkenbildung, infiziert werden.

J	F	M	A	M	J	J	A	S	O	N	D

Schwarz-Erle *Alnus glutinosa*

2 **1**

3

1 Blätter spitzenwärts gestutzt, kahl, jung klebrig

2 Fruchtstandszapfen starr-verholzt, 15–18 mm lang

3 Einstämmiger Baum, Borke schwarz

3er-Check

Merkmale: Sommergrüner, meist einstämmiger, 10–25 m hoher Baum mit pyramidaler Krone und bis in die Kronenspitze hinaufreichendem Stamm. Blätter 2–3 cm lang gestielt, mit 4–9 cm langer Spreite. Blütenstände eingeschlechtig, schon im Vorjahr angelegt und frei überwinternd; Pflanzen einhäusig. Männliche Kätzchen zu 2–5, 6–12 cm lang, schlaff hängend (s. Foto S. 226). Weibliche Kätzchen 3–4 mm lang.

Vorkommen: Auf tiefgründigen, staunassen, oft periodisch überschwemmten, nährstoffreichen, kalkarmen bis sauren Lehm-, Ton- und Kiesböden. Europa bis Westasien. In Mitteleuropa vom Flachland bis zu 1200 m Höhe in den Alpen.

Biologie: Die Schwarz-Erle ist ein Pioniergehölz in Flachmooren und auf Nasswiesen. Häufig wächst sie gewässerbegleitend. Sie ist ein Charakterbaum der Weichholzaue, vergesellschaftet mit Weiden und Pappeln, kommt jedoch auch in der Hartholzaue vor. Die Blüten werden durch den Wind bestäubt, die Früchte durch ihn verbreitet. Schwarz-Erlen können 120 Jahre alt werden und eine Stammdicke von 50–80 cm erreichen. Ihr Holz ist als Möbelholz, Sperrholz und zur Herstellung von Bleistiften geschätzt.

J	F	M	A	M	J	J	A	S	O	N	D

Alnus incana **Grau-Erle**

1 Blätter eiförmig bis elliptisch, zugespitzt, unterseits blaugrau

2 Fruchtzapfen graubraun, 13–16 mm lang

3 Mehrstämmiger Baum, Rinde glatt, weißgrau

3er-Check

Merkmale: Sommergrüner, 10–25 m hoher Baum mit geraden Stämmen und dichter, pyramidaler Krone. Blätter 2–3 cm lang gestielt, mit 4–10 cm langer, grob doppelt gesägter Spreite. Blüten in eingeschlechtigen, schon im Vorjahr angelegten Ständen, nackt überwinternd; Pflanzen einhäusig. Männliche Kätzchen erblüht 7–10 cm, die weiblichen nur 3–5 mm groß.

Vorkommen: Auf nährstoff- und basenreichen, häufig kalkhaltigen Ton-, Schotter- und Kiesböden. Gewässerbegleitend; überwiegend im Bereich der Flüsse, in Auenwäldern, an feuchten Hängen. Europa bis Kaukasus. In den Alpen bis 1600 m hoch ansteigend, hauptsächlich jedoch in der montanen Höhenstufe.

Biologie: Im Unterschied zur Schwarz-Erle meidet die Grau-Erle dauernde Staunässe, verträgt aber zeitweilige Überschwemmungen. Vergesellschaftet findet man sie mit der Zitter-Pappel, Moor-Birke, Trauben-Kirsche, Eberesche und dem Spitz-Ahorn. Sie wird weit über ihr ursprüngliches Verbreitungsgebiet hinaus angepflanzt und hat sich stellenweise eingebürgert. Als Pioniergehölz auf Bergrutschflächen wird sie oft zur Hangsicherung gepflanzt. Sie wird kaum älter als 50 Jahre.

J	F	M	A	M	J	J	A	S	O	N	D

Grün-Erle *Alnus viridis*

1

2

1 Blätter eiförmig bis breit-oval, lang zugespitzt, grün

2 Zapfen nur schwach verholzt, 10–13 mm lang

2er-Check

Merkmale: Sommergrüner, vom Grunde an reich verzweigter, vielstämmiger, breit ausladender, 0,5–3 m hoher Strauch mit schwärzlicher Borke. Blätter 1–2 cm lang gestielt, mit 5–8 cm langer, anfangs klebriger Spreite und doppelt gesägtem Blattrand. Blüten eingeschlechtlich; Pflanzen einhäusig. Männliche Stände frei überwinternd, erblüht bis 6 cm lang. Weibliche Blütenstände in Knospen überwinternd. Nussfrüchte schmal geflügelt, 3 mm groß.

Vorkommen: Auf wasserzügigen, sickerfeuchten, mäßig nährstoffreichen, sauren Lehm-, Ton- oder Steinböden. An Steilhängen, Waldrändern, Bachufern, besonders im Bereich der Waldgrenze reine Bestände bildend. Europäische Hochgebirge und Hochlagen der Mittelgebirge. In den Alpen zwischen 1300 und 2400 m.

Biologie: Die Grün-Erle unterscheidet sich von den anderen heimischen Erlen-Arten nicht nur durch die Wuchsform und den Lebensraum, sondern auch durch die abweichenden weiblichen Blütenstände, die während des Winters, wie bei den Birken, in den Knospen geborgen sind. In den Alpen ist die Grün-Erle ein Pioniergehölz das lange hohe Schneelasten erträgt und damit der Legföhre gleicht.

J	F	M	A	M	J	J	A	S	O	N	D

Carpinus betulus **Hainbuche, Weißbuche**

1 Seitennerven der Blätter parallel, unterseits sehr erhaben

2 Nussfrucht einem asymmetrischen, 3-lappigen Blattorgan ansitzend

3 Borke glatt, mit längs verlaufendem Netzmuster

3er-Check

Merkmale: Sommergrüner, reich verzweigter, breitkroniger, bis 25 m hoher Baum. Blätter bis 15 mm lang gestielt, mit länglich-elliptischer, 5–10 cm langer, am Rande doppelt gesägter Spreite. Blüten eingeschlechtig; Pflanze einhäusig. Männliche Kätzchen seitlich, 4–7 cm lang, schlaff hängend; weibliche am Ende junger Triebe, 3 cm lang. Fruchtstände 6–15 cm lang.

Vorkommen: Auf mäßig nährstoffreichen, tief- bis mittelgründigen, humosen, meist sauren, sandigen oder steinigen Lehmböden. Europa, Nordanatolien bis Nordiran. In Mitteleuropa vom Norddeutschen Tiefland bis zu den Alpen in Höhen von 1000 m.

Biologie: Die Hainbuche ist windblütig. Ihre geflügelten Früchte werden vom Wind und durch Tiere verbreitet. Sie wächst schnell und kann bis 150 Jahre alt werden. Die Hainbuche ist licht- und wärmeliebend und eine Charakterart des Eichen-Hainbuchen-Waldes. Dank ihrer hohen Regenerationsfähigkeit ist sie eines der wichtigsten Niederwaldgehölze und eignet sich vorzüglich als Heckengehölz. Hainbuchen wurden früher geschneitelt, ihre Jungtriebe dem Vieh verfüttert. Das Holz verträgt hohe mechanische Beanspruchung und liefert eine gute Holzkohle.

J F M A M J J A S O N D

Hänge-Birke, Warzen-Birke *Betula pendula*

1 Blätter rautenförmig, lang zugespitzt

2 Stamm weiß, später schwarz-längs-rissig, tief gefurcht

3 Baum mit überhängenden Zweigen

3er-Check

Merkmale: Sommergrüner, 10–25 m hoher Baum. Blätter bis 3 cm lang gestielt, mit 4–7 cm langer Spreite, deren Rand doppelt gesägt ist. Blüten eingeschlechtig; Pflanzen einhäusig. Männliche Stände zu 1–3, frei überwinternd, erblüht bis 10 cm lang, hängend. Fruchtstände hängend; Früchte geflügelt, 3 mm lang.

Vorkommen: Auf mäßig nährstoffreichen, meist sauren, sandigen Lehm- und Steinböden. In lichten Laub- und Nadelmischwäldern, auf Magerweiden und Heiden. Europa, Sibirien, Kaukasus bis Nordiran. In Mitteleuropa vom Norddeutschen Tiefland bis zur Höhe von 1900 m in den Alpen.

Biologie: Die Hänge-Birke ist ein raschwüchsiges, flach wurzelndes Pioniergehölz. Die Blüten werden vom Wind bestäubt, die Samen ebenfalls vom Wind verbreitet. Kahlschläge und Trümmergelände können innerhalb kurzer Zeit besiedelt werden. Junggehölze wachsen bis zum Spätsommer. Die Hänge-Birke erreicht ein Alter von 90–120 Jahren. Die Rinde ist durch Betulin weiß gefärbt, das gegen Tierfraß und vor Nässe schützt. Den Blutungssaft nutzt man zur Herstellung von Haarwasser. Birkenholz wird zu Sperrholz verarbeitet. Es ist auch ein begehrtes Furnierholz.

| J | F | M | A | M | J | J | A | S | O | N | D |

Betula pubescens **Moor-Birke**

1 Blätter rhombenförmig, kurz zugespitzt

2 Junge Zweige dicht flaumig behaart

3 Rinde der Stämme lange glatt bleibend, schmutzig weiß

3er-Check

Merkmale: Sommergrüner, ein- oder mehrstämmiger, 10–30 m hoher Baum mit lockerer Krone und meist aufrechten Zweigen. Blätter bis 2,5 cm lang gestielt, mit 3–5 cm langer, am Rand einfach bis doppelt gesägter Spreite. Blüten eingeschlechtig; Pflanzen einhäusig. Männliche Kätzchen frei überwinternd, erblüht bis 8 cm lang, schlaff hängend. Weibliche Stände am Ende beblätterter Jungtriebe, zunächst aufrecht. Fruchtflügel so breit wie der Fruchtkörper.

Vorkommen: Auf feuchten bis staunassen, mäßig nährstoffreichen, sauren Lehm- oder humosen Sandböden. Westliches, mittleres und nordöstliches Europa; über das nördliche Russland bis nach Sibirien. In Mitteleuropa ist sie vom norddeutschen Flachland bis zu den Alpen in einer Höhe von 2200 m verbreitet.

Biologie: Die Moor-Birke ist sowohl ein Pioniergehölz als auch eine Charakterart der Eichen-Birken-Wälder und der Birken- und Erlenbrüche. Häufig ist sie in Hochmooren anzutreffen wo sie, infolge von Nährstoffarmut, wesentlich kleiner bleibt und sich nur schütter verzweigt. Sie wächst häufig vergesellschaftet mit Ohr-Weide, Schwarz- und Grau-Erle. Die Samen werden vom Wind verbreitet.

J	F	M	A	M	J	J	A	S	O	N	D

Gemeine Hasel *Corylus avellana*

1 Blätter rundlich bis verkehrt-eiförmig, Blattrand doppelt gesägt

2 Männliche Blütenstände vor dem Laubaustrieb blühend

3 Früchte zu 1–3 beieinander; Nüsse aus dem Fruchtbecher ragend

3er-Check

Merkmale: Sommergrüner, vom Grunde an vielstämmiger, 2–6 m hoher Strauch. Blätter mit 5–15 mm langem, drüsig behaartem Blattstiel und 6–10 cm langer Spreite. Blüten eingeschlechtig; Pflanzen einhäusig. Männliche Kätzchen erblüht 8–10 cm lang. Weibliche Blüten in den Knospen geborgen. Nüsse 16–18 mm lang.

Vorkommen: Auf tiefgründigen, lockeren, humosen, nährstoffreichen, oft steinigen Lehmböden; in sommerwarmer und mäßig sommertrockener Klimalage. Europa bis Kaukasus. In Mitteleuropa vom Norddeutschen Tiefland bis zu 1400 m Höhe in den Alpen.

Biologie: Die Gemeine Hasel ist windblütig. Ihre Früchte werden durch Tiere, Eichhörnchen, Siebenschläfer, Mäuse, Häher und Kleiber verbreitet. Haseln sind raschwüchsig und können ein Alter von 100 Jahren erreichen. Ältere Stämme, die 10–18 cm Dicke erreichen, werden stets durch junge Schösslinge ersetzt, die im ersten Jahr mehrere Meter hoch werden können, sich aber erst im folgenden Jahr verzweigen. Die im Handel erhältlichen Haselnüsse stammen nicht von der Gemeinen Hasel, sondern von der <u>Lambertsnuss</u>, die in Südosteuropa, Kleinasien und dem Kaukasus beheimatet ist.

J	F	M	A	M	J	J	A	S	O	N	D

Corylus colurna **Baum-Hasel**

1 Blätter breit-eiförmig, doppelt gesägt

2 Einstämmiger Baum mit hellgrauer Schuppenborke

3 Nüsse von einer tief eingeschnittenen, drüsigen Hülle umgeben

3er-Check

Merkmale: Sommergrüner, bis 25 m hoher, in der Jugend kegelförmiger, im Alter breitkroniger Baum. Blätter mit 1,5–3 cm langem Stiel und 5–15 cm langer Spreite. Blüten eingeschlechtig; Pflanzen einhäusig. Männliche Blüten zu mehreren frei überwinternd, erblüht bis 12 cm lang. Weibliche Blüten in den Knospen geborgen. Nüsse zu mehreren beieinander, mit großem Nabel und harter Schale, bis 2 cm lang.

Vorkommen: Auf tief- bis mittelgründigen, nährstoff- und basenreichen Lehmböden. In lichten Laubmischwäldern und auf sonnenexponierten Hängen. Südosteuropa, Kleinasien, Kaukasus bis zum Himalaja.

Biologie: Die Baum-Hasel wird in Mitteleuropa schon seit der Mitte des 16. Jahrhunderts angepflanzt. Sie verträgt Luftverschmutzung, Lufttrockenheit, aber auch kalte Winter ohne sichtbare Schäden. Als frei stehender Parkbaum bildet sie gewaltige Kronen aus, die so hoch wie breit sind. Die Früchte sind zwar kleiner als käufliche Haselnüsse, schmecken jedoch ausgezeichnet. Sie werden schon am Baum von Eichhörnchen regelrecht abgeerntet. Junge Bäume werden mit 10–15 Jahren blühfähig.

J	F	M	A	M	J	J	A	S	O	N	D

Hopfenbuche *Ostrya carpinifolia*

1

2

1 Blätter elliptisch bis oval, doppelt gesägt; Fruchtstände hängend

2 Früchte von 15 mm langer, blasenartiger Hülle umgeben

2er-Check

Merkmale: Sommergrüner, 1- bis mehrstämmiger, großer Strauch oder bis 20 m hoher, breitkroniger Baum mit dunkler Schuppenborke. Blätter 5-13 mm lang gestielt, mit 5-12 cm langer Spreite. Blüten eingeschlechtig; Pflanzen einhäusig. Männliche Blütenstände bis 12 cm, weibliche Stände bis 5 cm lang. Nussfrüchte 5 mm groß.

Vorkommen: Auf tief- bis flachgründigen, mäßig nährstoff- und meist kalkreichen Lehm- oder Steinschuttböden. An sommerwarmen, exponierten Hängen, Waldrändern und in lichten Laubmischwäldern. Süd- und Südosteuropa Kleinasien, Kaukasus. Hauptverbreitung im östlichen Mittelmeergebiet. In den Südalpen bis 1300 m hoch ansteigend.

Biologie: Die Hopfenbuche ist windblütig. Die Früchte werden durch Tiere verbreitet. Sie spielt in der Waldzusammensetzung Südosteuropas eine wichtige Rolle. Hopfenbuchen können etwa 100 Jahre alt werden. Ähnlich wie die Hainbuche zeichnet sie sich durch ein hohes Regenerationsvermögen aus, weshalb sie in Niederwäldern eine große Rolle spielt. Im mittleren Mitteleuropa werden Hopfenbuchen mitunter stattlichere Bäume als am natürlichen Standort unter schlechteren Standortbedingungen.

J	F	M	A	M	J	J	A	S	O	N	D

Castanea sativa **Esskastanie, Edelkastanie**

1 2

1 Blätter länglich-lanzettlich, grob grannenartig gezähnt

2 Blüten schwefelgelb, in 15–20 cm langen, schmalen Ständen

3 Früchte in einem großen, stacheligen Fruchtbecher eingeschlossen

3er-Check

3

Merkmale: Sommergrüner, bis 30 m hoher, breitkroniger Baum mit graubrauner, längsrissiger Borke. Blätter 15–30 cm lang und 5–8 cm breit. Blüten eingeschlechtig in gemeinsamen Ständen. Weibliche Blüten basal, zu wenigen; männliche Blüten zahlreich. Früchte 2–3 cm lang, mit brauner, lederiger Schale.

Vorkommen: Auf mittel- bis tiefgründigen, nährstoff- und basenreichen, kalkfreien Silikat- oder sandigen Lehmböden: in sommerwarmer und luftfeuchter Klimalage. Europa, Kleinasien, Kaukasus. In Mitteleuropa und Frankreich wohl durch die Römer eingebracht.

Biologie: Die stark duftenden Blüten werden von Käfern, Fliegen, Bienen umd Hummeln aufgesucht, die den reichlich gebildeten Nektar sammeln. Verbreitung der Früchte durch Siebenschläfer, Mäuse, Eichhörnchen, Krähen und Häher. Jungbäume werden mit 20–25 Jahren blühfähig. Esskastanien können sehr dicke Stämme von weit über 1 m Durchmesser haben und über 500 Jahre alt werden. Nach kräftigem Rückschnitt werden gerade Äste gebildet, die als Rebpfähle Verwendung finden oder zu Fassdauben verarbeitet werden. Esskastanien sind sehr schmackhaft. Sie enthalten 39 % Wasser, 43 % Stärke und 2,5 % Fett.

J	F	M	A	M	J	J	A	S	O	N	D

Winter-Linde *Tilia cordata*

1 Blütenstände auf den Blättern liegend; Flügel nie bis zum Grunde reichend

2 Blätter unterseits mit rotbraunen Achselbärten, oberseits kahl

3 Früchte kugelförmig, nur schwach gerippt

3er-Check

Merkmale: Sommergrüner, 25–30 m hoher Baum mit dichter breiter Krone; Stamm mit längs gefurchter, dicht gerippter schwärzlichgrauer Borke. Blätter 2–5 cm lang gstielt, mit 3–10 cm langer und breiter, schief-herzförmiger Spreite und gleichmäßig gesägtem Rand. Blüten zwittrig, 5-zählig; Stände 4–10-blütig. Nussfrucht 5–7 mm groß.

Vorkommen: Auf flach- bis tiefgründigen, basenreichen bis mäßig sauren, steinigen Lehm-, Löss-, Ton- oder Hangschuttböden. Europa. Von den Pyrenäen bis zum Ural, der Krim und dem Kaukasus. In Mitteleuropa von der Ebene bis zu den Alpen in 1500 m Höhe. Das Verbreitungsgebiet der Winter-Linde reicht weiter nach Norden und Osten als das der Sommer-Linde.

Biologie: Die Blüten werden von Bienen, Hummeln, Fliegen und Schwebfliegen bestäubt. Die Fruchtstände verweht der Wind. Winter-Linden können 1000 Jahre alt werden und Stämme von 2 m Dicke bilden. Wie auch die Sommer-Linde wächst die Winter-Linde nicht in Reinbeständen sondern in Eichen-Hainbuchen-Wäldern, Eichen-Auenwäldern und Ahorn-Eschen-Hangwäldern, vergesellschaftet mit Berg-Ulme, Vogel-Kirsche, Esche und Stiel-Eiche.

J	F	M	A	M	J	J	A	S	O	N	D

Tilia platyphyllos **Sommer-Linde**

3er-Check

1 Blütenstände unter dem Blattdach; Flügel bis zum Grunde reichend

2 Blätter beidseitig weich behaart, Unterseite mit weißen Achselbärten

3 Früchte deutlich gerippt

Merkmale: Sommergrüner, bis 40 m hoher, breitkroniger Baum mit längsrissiger, dicht gerippter Borke. Blätter 3–5 cm lang gestielt, mit 10–15 cm langer, am Grunde herzförmiger, scharf gesägter Spreite. Blüten zwittrig, in 2–5-blütigen Ständen. Nussfrucht dickwandig, 8–9 mm lang.

Vorkommen: Auf frischen, nährstoff- und basenreichen, kalkhaltigen bis mäßig sauren, steinigen Lehmböden. Europa bis Kleinasien und Kaukasus. In Mitteleuropa vor allem im mittleren und südlichen Teil; in den Nordalpen bis 1000 m hoch ansteigend. In Buchen-Linden-Bergwäldern, Linden-Ahorn- und Hangwäldern. Auf Geröllhalden auch bestandbildend.

Biologie: Die Sommer-Linde hat im Freistand eine bis zum Erdboden reichende Krone. Die Blüten bilden reichlich Nektar und enthalten Schleimstoffe und das ätherische Öl Farnesol. Sie werden als Droge »Flores Tiliae« gehandelt. Der Blütenduft ist besonders gegen Abend intensiv. Die Fruchtstände werden vom Wind verbreitet. Oft hängen sie an den kahlen Bäumen noch bis zum Spätwinter. Junge Sommer-Linden erreichen mit 15–20 Jahren ihre Blühfähigkeit. Sie können 1000 Jahre alt werden.

J	F	M	A	M	J	J	A	S	O	N	D

Silber-Linde *Tilia tomentosa*

1 Blätter unterseits silbern weißfilzig

2 Triebe behaart; Fruchtstandsflügel bis zum Grunde des Stiels reichend

3 Früchte eiförmig, zugespitzt, schwach 5-rippig

3er-Check

Merkmale: Sommergrüner, bis 30 m hoher Baum mit breit-pyramidaler Krone, mächtigen, spitzwinklig aufragenden Ästen und längsrissiger, silbergrauer bis dunkelgrauer Borke. Blätter 3–5 cm lang gestielt, mit schief-herzförmiger, 7–13 cm langer, asymmetrischer Spreite; Blattrand scharf gesägt. Blüten zwittrig, zu 5–10 in hängenden, büscheligen Ständen. Früchte 1-samig, 7–8 mm lang.

Vorkommen: Auf nährstoff- und basenreichen, oft kalkhaltigen, mittel- bis tiefgründigen, steinigen oder sandigen Lehmböden. Südosteuropa bis zur nördlichen Balkan-Halbinsel. Keine Reinbestände bildend, sondern in Laubmischwäldern vergesellschaftet mit Zerr-Eiche, Flaum-Eiche, Buche und Elsbeere.

Biologie: Die Blüten erscheinen 4 Wochen später als die der Sommer-Linde. Sie werden von Bienen und Hummeln bestäubt, die Nektar und Pollen sammeln. Die Silber-Linde gelangte 1767 zu uns. Sie ist in Mitteleuropa vor allem im innerstädtischen Bereich angepflanzt, da sie im Unterschied zu den heimischen Linden, Sommer- und Lufttrockenheit gut verträgt. Sie ist schnellwüchsiger als Winter- und Sommer-Linde und als Alleebaum geschätzt. Vor dem Laubfall färben sich die Blätter intensiv goldgelb.

J	F	M	A	M	J	J	J	A	S	O	N	D

Populus tremula **Zitter-Pappel, Espe**

1

2er-Check

1 Blätter oval bis rundlich, oberseits glänzend, stumpf gezähnt

2 Rinde glatt, gelbgrau; Borke anfangs quer-, später längsrissig

2

Merkmale: Sommergrüner, 10–30 m hoher, breitkroniger Baum mit tiefrissiger Rippenborke. Blätter 3–7 cm lang gestielt; mit 3–8 cm großer Spreite. Blüten eingeschlechtig; Pflanzen zweihäusig. Erblühte Stände 4–10 cm lang, schlaff hängend (s. Foto S. 226). Fruchtstände bis 12 cm lang, mit zahlreichen, vielsamigen Kapseln.

Vorkommen: Auf mäßig nährstoff- und basenreichen, kalkhaltigen bis kalkfreien, schwach sauren, lockeren Sand-, Löss- und Lehmböden. Europa bis Sibirien, Kleinasien, Nordafrika. In Mitteleuropa von der Ebene bis zu den Alpen in Höhenlagen von 1800 m.

Biologie: Die Zitter-Pappel ist ein Pioniergehölz. Die vom Wind verbreiteten Samen keimen rasch. Die Bäume erreichen ein Alter von etwa 100 Jahren. Sie kommen in lichten Wäldern, auf Steinhalden und in Steinbrüchen, vergesellschaftet mit Birken, Sal-Weide und Eichen vor. Das sprichwörtliche »Zittern wie Espenlaub« beruht auf einer Eigenschaft der Blattstiele, die – im Unterschied zu den meisten Laubblättern – senkrecht zur Spreite abgeflacht sind. Schon bei geringer Luftbewegung kann dann eine Blattbewegung erfolgen.

J	F	M	A	M	J	J	A	S	O	N	D

Kanadische Pappel *Populus x canadensis*

1 Blätter 3-eckig, am Grunde mit 1–2 Drüsen; Knospen spitz, grünlich

2 Männliche Stände in langen Kätzchen, vor den Blättern erscheinend

3 Fruchtkapseln mit vielen watteartig behaarten Samen

3er-Check

Merkmale: Sommergrüner, breitkroniger, bis 25 m hoher Baum mit tief- und grobrippiger, dunkel graubrauner Borke. Blätter derbledrig, 5 cm lang gestielt, mit 7–10 cm langer, beiderseits kahler Spreite. Blüten eingeschlechtig; Pflanzen zweihäusig. Männliche Stände bis 7 cm lang; weibliche mit vielen Kapselfrüchten.

Vorkommen: Auf tiefgründigen, nährstoffreichen Auen- oder Lehmböden; meist gewässerbegleitend und in Auenwäldern.

Biologie: Die Kanadische Pappel ist ein Bastard, dessen Eltern die heimische Schwarz-Pappel *(Populus nigra)* und die Kanadische Schwarzpappel *(Populus deltoides)* sind. Man unterscheidet heute eine Vielzahl von zum Teil recht unterschiedlichen Formen. Die Kanadische Pappel ist starkwüchsiger als ihre Eltern und lässt sich leicht aus Steckhölzern vermehren. Seit der 2. Hälfte des 18. Jahrhunderts wird sie viel angepflanzt. Nach dem 2. Weltkrieg wurden in Deutschland großflächige Kulturen zur Zellulosegewinnung angelegt. Heute ist man bemüht, diese Monokulturen allmählich zu entfernen und durch heimische Gehölzarten zu ersetzen. In Siedlungsgebieten ist sie durch die enorme Menge an gebildeten Flugsamen über Wochen hinweg ein lästiges Gehölz.

| J | F | M | A | M | J | J | A | S | O | N | D |

Populus nigra 'Italica' **Pyramiden-Pappel**

1

2

3

1 Blätter 3-eckig, am Grunde ohne Drüsen; Rand gesägt, ohne Wimpern

2 Knospen rotbraun, klebrig

3 Bäume von säulenförmigem Wuchs

3er-Check

Merkmale: Sommergrüner, 25–30 m hoher Baum mit straff aufrecht wachsenden Ästen. Blätter 3–5 cm lang gestielt, mit 5–10 cm langer, geschwänzt zugespitzter Spreite. Blüten 4–6 cm lang.

Vorkommen: Auf tiefgründigen, nährstoffreichen Böden. Angepflanzt vor allem als Alleebaum oder zur ornamentalen Gestaltung in Parkanlagen. Mancherorts wird sie aus klimatischen Gründen als Ersatz für die Säulenzypresse des Mittelmeergebietes angepflanzt.

Biologie: Schnell wachsender, aber nicht sehr langlebiger Baum. Ausgewachsene Bäume leiden oft auch unter einem Pilzbefall, der zum Absterben von Ästen oder gar Teilen der Krone führt. In manchen Jahren kommt es auch zu einem Massenbefall durch Läuse, die an den Blattstielen charakteristische blasenartige, gedrehte Gallen hervorrufen. Es sind nur männliche Pyramiden-Pappeln in Kultur. Die Pyramiden-Pappel ist seit dem frühen 18. Jahrhundert angepflanzt. Die Normalform der Schwarz-Pappel ist ein typischer Auenwaldbaum mit breiter Krone. Durch Flussregulierungen sind viele Lebensbereiche zerstört, sodass sie sehr selten geworden und gebietsweise ausgestorben ist.

J	F	M	A	M	J	J	A	S	O	N	D

Ohr-Weide *Salix aurita*

2 1

3er-Check

1 Blätter verkehrt-eiförmig bis lanzettlich, Spitze gedreht

2 Nebenblätter groß, bleibend; Knospen
3–5 mm groß, anliegend, verkahlend

3 Eiförmige, gelbe männliche Blütenstände

3

Merkmale: Sommergrüner, reich verzweigter, bis 3 m hoher
Strauch mit sparrig abstehenden Zweigen und schwarzbrauner,
längsrissiger Borke. Blätter 10 mm lang gestielt, mit 3–5 cm langer
Spreite. Blüten eingeschlechtig, Pflanzen zweihäusig. Kätzchen vor
dem Laubaustrieb erblühend, 2,5–3 cm lang. Fruchtstände sich
streckend, mit zahlreichen, mehrsamigen Kapselfrüchten.

Vorkommen: Auf feuchten bis nassen, torfig-humosen, sauren Ton-
oder Sandböden. In Flach- und Heidemooren, Quellsümpfen,
Brüchen, an Grabenrändern und Gewässerufern. Europa. Von
Nordspanien bis zum Ural; in den nördlichsten und südlichsten
Teilen fehlend. In Mitteleuropa von der Küste bis zu einer Höhe
von 1800 m in den nördlichen Alpen.

Biologie: Die Ohr-Weide ist vielerorts ein Pioniergehölz. Die Blüten
werden durch Insekten bestäubt, die Pollen und Nektar sammeln.
Die, wie bei allen Weiden-Arten, mit einem Haarschopf versehenen
Samen, werden vom Wind oft über viele Kilometer weit verbreitet.
Sie keimen schnell, verfügen jedoch über keine lang anhaltende
Keimkraft. Ohr-Weiden lassen sich auch durch Steckhölzer ver-
mehren. Mit anderen Weiden-Arten bilden sie leicht Bastarde.

J	F	M	A	M	J	J	A	S	O	N	D

Salix caprea **Sal-Weide**

1

2

1 Zweige aufrecht, graugrün, verkahlend; Blätter breit-oval

2 Blätter mit gewelltem Rand; Nebenblätter klein, bleibend

3 Auffälliger Kätzchenblüher im Vor-
frühling

3er-Check

3

Merkmale: Sommergrüner, nur mäßig verzweigter Strauch oder bis
10 m hoher Baum mit schwarzbrauner, längsrissiger Borke. Blätter
1–2 cm lang gestielt, mit 4–12 cm langer, später oberseits verkah-
lender, unterseits dicht filzig behaarter Spreite. Blüten in eingeschlechtigen, 3–4 cm langen, aufrechten Kätzchen; Pflanzen zweihäusig. Blüten sich lange vor den Laubblättern entfaltend. Kapseln
vielsamig.

Vorkommen: Auf nährstoffreichen, dauerfeuchten, humosen, steinigen, sandigen oder reinen Lehmböden; auf kalkhaltigem oder saurem Untergrund. Europa bis Nord- und Westasien. In Mitteleuropa
vom Norddeutschen Tiefland bis zu den Alpen in 2000 m Höhe.

Biologie: Die Sal-Weide ist ein Pioniergehölz. Durch den weiten
Transport der feinen Samen werden Standorte weit weg vom
Wuchsgebiet erreicht. Sie ist nicht nur an Wald- und Wegrändern,
auf Waldschlägen, in Kiesgruben und Steinbrüchen, sondern häufig auch im innerstädtischen Bereich anzutreffen. Die Sal-Weide ist
eine wichtige Bienentrachtpflanze und genießt Schutz. Neben Pollen wird Nektar gesammelt, der in männlichen Blüten 66–69 %, in
weiblichen Blüten sogar 67–79 % Zucker enthalten kann.

| J | F | M | A | M | J | J | A | S | O | N | D |

Silber-Weide *Salix alba*

1 Blätter lanzettlich, fein gesägt, unterseits graublau

2 Silberweiße, gerundete Krone

3 Genetzt-längsrissige Borke

3er-Check

Merkmale: Sommergrüner, ausladend-breitkroniger, 10–15 m hoher Baum mit breitrippiger Borke. Blätter kurz gestielt, 6–10 cm lang, anfangs beidseitig behaart, oberseits etwas verkahlend. Blüten eingeschlechtig; Pflanzen zweihäusig. Männliche Kätzchen aufrecht, bis 7 cm lang, mit den Blättern erscheinend. Weibliche Kätzchen gebogen-aufrecht, 5 cm lang (s. Foto S. 226).

Vorkommen: Auf nassen, periodisch überschwemmten, nährstoff- und basenreichen Auen-, Schlick- und Tonböden; an Flüssen und Seen. Europa. Westasien bis zum Himalaja. In Mitteleuropa vor allem im Tiefland und in den Stromtälern; bis 900 m Höhe.

Biologie: Die Silber-Weide ist wichtiger Bestandteil und Charakterbaum der Weichholzaue, wo sie vergesellschaftet mit anderen Weiden-Arten, Pappeln und Erlen wächst. Die Silber-Weide wird 80–200 Jahre alt und bildet bis zu 1 m dicke Stämme. Ältere Bäume sind innen oft hohl. Zur Gewinnung von langen Ruten als Flechtmaterial wurden die Bäume früher alle 2–3 Jahre geschnitten, wodurch sie ein kopfiges Aussehen erhielten. Auf diesen Köpfen siedeln sich nicht selten andere Pflanzenarten an, die durch Vögel verbreitet werden.

J	F	M	A	M	J	J	A	S	O	N	D

Salix cinerea **Grau–Weide**

1

2

3

1 Triebe samtig-graufilzig; Blätter verkehrt-eiförmig, unterseits dicht filzig

2 Triebe mit anliegenden, länglich-eiförmigen, flachen Knospen

3 Männliche Blütenstände gelb, kurz walzenförmig

3er-Check

Merkmale: Sommergrüner, maximal 4–5 m hoher, breitbuschiger, oben abgeflachter Strauch mit schmutzig grauer Rinde. Blätter 7–10 mm lang gestielt, mit 6–10 cm langer, am Rande welliger, unregelmäßig gezähnter Spreite. Blüten eingeschlechtig; Pflanzen zweihäusig. Kätzchen aufrecht, am Grunde mit einigen Blättchen, 3–4 cm lang. Fruchtstände verlängert.

Vorkommen: Auf nassen, nährstoffreichen, kalkarmen, humosen Sand- und Tonböden. Europa bis Westsibirien, nördliches Kleinasien bis Kaukasus. In Mitteleuropa weit verbreitet vom Norddeutschen Tiefland bis zu den Alpen in einer Höhe von 700 m.

Biologie: Die Grau-Weide wächst an Gräben, Quellsümpfen, Moorrändern und Nasswiesen, wo sie mit anderen Strauchweiden vergesellschaftet lichte Gebüsche bildet. Mit anderen Weiden-Arten wie Ohr-Weide, Sal-Weide und Schwarz-Weide vermag sie zu bastardieren. Die Blüten werden von Insekten, vor allem Bienen besucht. Die feinen behaarten Samen verbreitet der Wind. Die Grau-Weide lässt sich leicht durch Steckhölzer vermehren. In der Gartenkultur spielt sie jedoch keine Rolle, da die Standortverhältnisse zu extrem sind und die Ansehnlichkeit der Blüten zu gering ist.

J	F	M	A	M	J	J	A	S	O	N	D

Knack-Weide, Bruch-Weide *Salix fragilis*

1 Blätter lang zugespitzt; Fruchtstände lang gestreckt, hängend

2 Blattoberseite glänzend grün, kahl

3 Junge Zweige brechen an den Verzweigungen mit einem Knackgeräusch ab

3er-Check

Merkmale: Sommergrüner, bis 15 m hoher Baum mit kahlen, gelben oder braunen Zweigen und graubrauner, längsrissiger Borke. Blätter 10 mm lang gestielt, mit 12–16 cm langer Spreite. Blüten eingeschlechtig; Pflanzen zweihäusig. Kätzchen bis 10 mm lang gestielt, am Grunde mit einigen Blättern. Männliche Kätzchen bis 6 cm lang, bogig-aufrecht; weibliche 5–7 cm lang, bogig überhängend.

Vorkommen: Auf nassen, nährstoffreichen, meist kalkarmen Auen- oder Lehmböden. Europa bis Westsibirien, Westasien, Kaukasus. In Mitteleuropa vorwiegend im Flachland und den Stromtälern und Tälern der Mittelgebirge; in den Alpen bis 800 m hoch ansteigend.

Biologie: Die Knack-Weide wächst vergesellschaftet mit der Silber-Weide, Schwarz-Erle und Pappeln, vor allem gewässerbegleitend in der Weichholzaue. Anders als die Silber-Weide ist sie empfindlicher gegen lang anhaltendes sommerliches Hochwasser. Sie bastardiert sehr leicht mit der Silber-Weide. Diese Bastarde werden häufig mit den Elterarten verwechselt. Gleich der Silber-Weide werden Knack-Weiden zur Rutengewinnung zurückgeschnitten, sodass sie die typische Kopfform auf kurzen Stämmen annehmen.

J	F	M	A	M	J	J	A	S	O	N	D

Salix pentandra **Lorbeer-Weide**

1 Blätter länglich-elliptisch, zugespitzt, dunkelgrün, lackartig glänzend; Knospen glänzend rotbraun

2 Blattstiele oben mit kleinen Nektarien

2er-Check

Merkmale: Sommergrüner großer Strauch oder bis 15 m hoher Baum mit dunkelgrauer, längsrissiger Borke. Zweige kahl, gelb- bis rötlichbraun. Blätter 10 mm lang gestielt, mit 5–7 cm langer, am Rand regelmäßig drüsig gezähnter Spreite. Blüten eingeschlechtig; Pflanzen zweihäusig. Kätzchen 2–3 cm lang, aufrecht, 2–3,5 cm lang gestielt, nach der Blattentfaltung erblühend.

Vorkommen: Auf feuchten, stau- bis sickernassen, mäßig sauren, nährstoffreichen, tiefgründigen Torf-, Ton- oder Kiesböden. Gewässerbegleitend. Europa bis Sibirien, nördliches Kleinasien, Kaukasus. In Mitteleuropa vom Norddeutschen Tiefland bis in die Voralpentäler; in der Schweiz bis 2000 m hoch ansteigend.

Biologie: Die Lorbeer-Weide ist durch ihre späte Blütezeit und die glänzenden Blätter im Unterschied zu vielen anderen Weiden-Arten gut zu identifizieren. Sie wächst vergesellschaftet mit Silber-Weide, Knack-Weide und Pappeln. Die Blüten werden durch Insekten bestäubt, die Nektar und Pollen sammeln. Der Namen »pentandra« bezieht sich auf die Zahl der Staubblätter in den männlichen Blüten. Während die meisten Weiden 2 oder 3 Staubblätter haben, sind es bei der Lorbeer-Weide 5.

J	F	M	A	M	J	J	A	S	O	N	D

Mispel *Mespilus germanica*

1 Blätter ganzrandig bis fein gesägt, länglich

2 Blüten einzeln, endständig, weiß

3 Frucht kreiselförmig, Scheibe von 5 langen Kelchzipfeln gesäumt

3er-Check

Merkmale: Sommergrüner, dornig bewehrter, mäßig verzweigter, bis 3 m hoher, aufrechter bis breitkroniger Strauch oder kleiner Baum mit graubrauner Schuppenborke. Zweige locker-filzig behaart. Blätter 1–2 mm lang gestielt, mit 7–13 cm langer Spreite; Nebenblätter lanzettlich, bis 15 mm lang. Blüten zwittrig, 3–4 cm groß. Früchte 3–4 cm breit, mit 5 Steinkernen.

Vorkommen: Auf sommerwarmen, nährstoffreichen, humosen bis steinigen Lehmböden. Südosteuropa, nördliches Kleinasien, Nordiran bis zum Kaukasus.

Biologie: Die Mispel ist ein wärme- und feuchtigkeitsliebendes, lichtbedürftiges Gehölz. In Mitteleuropa und weiten Teilen Südeuropas ist die Mispel verwildert oder eingebürgert. Am heimatlichen Standort wächst sie vergesellschaftet mit Zerr- und Flaum-Eichen, Hopfenbuchen, Orient-Hainbuchen in lichten Busch- und Waldgesellschaften. Kultiviert werden dornenlose Sorten. Die Früchte sind erst nach Frosteinwirkung genießbar, wenn die Gerbstoffe abgebaut sind. Sie erhalten dann auch eine weiche Konsistenz. Mispeln wurden früher vor allem in Obstplantagen oder in Bauerngärten kultiviert.

J	F	M	A	M	J	J	A	S	O	N	D

Malus sylvestris **Holz-Apfel**

1 Frucht gelbgrün, kahl, duftend;
Fleisch ohne körnige Einschlüsse

2 Blatt eiförmig, am Rand einfach bis
doppelt gesägt

3 Blüten weiß, außen rosa überhaucht;
Griffel unten miteinander verwachsen

3er-Check

Merkmale: Sommergrüner, schwach bedornter, großer Strauch oder bis 10 m hoher Baum mit überhängenden Ästen und graubrauner, längsrissiger Schuppenborke. Blätter 2–5 cm lang gestielt, mit 6–9 cm langer Spreite. Blüten zwittrig, 3–4 cm breit. Apfel 2,5–3 cm groß.

Vorkommen: Auf tiefgründigen, nährstoff- und basenreichen, humosen, frischen Lehm- und Steinböden. In Auen-, Laubmisch- und feuchten Eichenwäldern, in Hecken und Gebüschen. Europa bis Westasien. In Mitteleuropa zerstreut vom Tiefland bis zu Höhen von 1100 m in den Alpen.

Biologie: Der Holz-Apfel ist ein Licht- bis Halbschattengehölz mit flach streichendem, reich verzweigten Wurzelwerk. Die Blüten werden von Insekten, vor allem Bienen, bestäubt. Die reifen Früchte fallen zu Boden und werden hier von Säugetieren verzehrt. Vom Holz-Apfel stammen unsere Kultursorten ab. Die Züchtungen begannen wohl schon in der Jüngeren Steinzeit. Die Kultursorten sind dornenlos, haben größere und weniger saure Früchte. Äpfel enthalten Apfel- und Zitronensäure. Der Vitamin-C-Gehalt ist viel höher als in Birnen.

| J | F | M | A | M | J | J | A | S | O | N | D |

Kupfer-Felsenbirne *Amelanchier lamarckii*

1 Frucht mit bleibendem Kelch, purpur-rot bis blauschwarz; Blätter elliptisch

2 Blattaustrieb kupferrot

3 Herbstfärbung scharlachrot

3er-Check

Merkmale: Sommergrüner, aufrechter bis breitbuschiger Strauch oder bis 10 m hoher Baum mit längsrissiger, graubrauner Borke. Zweige kahl. Blätter mit 1–2 cm langem Stiel und 4–8 cm langer Spreite, deren Rand regelmäßig gesägt ist. Blüten zwittrig, in 6–12-blütigen, lockeren Trauben mit 2–3 cm großen, geruchlosen Blüten (vgl. Foto S. 227). Früchte kugelförmig, 10 mm groß.

Vorkommen: Auf feuchten bis mäßig trockenen, nährstoffreichen, sauren Lehm- und Sandböden. In Laubmischwäldern, Eichen und Kiefernwäldern, Waldrändern. Östliches Nordamerika. Genaues Ursprungsgebiet nicht bekannt.

Biologie: Die Kupfer-Felsenbirne ist in Mitteleuropa, den Nieder-landen, Nordbelgien und Südengland seit dem 18. Jahrhundert ein-gebürgert. Vor allem in Nordwestdeutschland ist sie häufig anzutreffen. Sie ist eines der wenigen fremdländischen Gehölze, die sich in eine naturnahe Waldvegetation einbürgern konnten, ohne für die heimische Vegetation zu einem Problem zu werden. Vor allem wegen ihrer intensiven Laubfärbung im Austrieb und vor dem Laubfall wird sie häufig in Garten und Parks seit etwa 1780 angepflanzt. Die Früchte werden von Vögeln verbreitet.

J	F	M	A	M	J	J	A	S	O	N	D

Amelanchier ovalis **Gemeine Felsenbirne**

1 Frucht kugelförmig, mit bleibendem Kelch, blauschwarz bereift

2 Blätter oval bis breit-oval, unterseits gelblich-filzig

3 Rundlicher, 1–3 m hoher Strauch

3er-Check

Merkmale: Sommergrüner, reich verzweigter Strauch mit längsrissiger, schwarzbrauner Borke. Junge Triebe anfangs weiß-wollig behaart. Blätter 8–15 mm lang gestielt, mit 2,5–4 cm langer Spreite. Blüten zwittrig, weiß, zu 3–6 in Trauben oder Rispen, etwa 4 mm breit, mit schmalen Kronblättern. Früchte 8–10 mm groß.

Vorkommen: Auf sommerwarmen und sommertrockenen, basenreichen oder sauren, nährstoff- und humusarmen Steinböden und Felshängen; meist in sonnenexponierter Lage. Süd- und Mitteleuropa bis Kleinasien, Nordafrika. In Mitteleuropa von der Ebene bis zu den Alpen in Höhen von 1800 m ansteigend; vor allem in Mittel-, Südwest- und Süddeutschland.

Biologie: Die Gemeine Felsenbirne wächst vergesellschaftet mit Zwerg-Mispel, Bibernell-Rose, Elsbeere und Weichsel-Kirsche. Sie ist nicht häufig, wächst aber gesellig. An steilen, südexponierten Hängen vermag sie hohe sommerliche Temperaturen und Trockenheit zu ertragen. Mit ihren Wurzeln dringt sie tief in Felsspalten ein und kann sich so mit ausreichend Wasser versorgen. Die Blüten werden von Insekten bestäubt, die Früchte durch Vögel verbreitet.

J	F	M	A	M	J	J	A	S	O	N	D

Vogel-Kirsche *Prunus avium*

1 Früchte zu 2–3, kugelförmig, lang gestielt, rot

2 Blätter 2–4 cm lang gestielt, unterhalb der Spreite mit 2–4 Nektardrüsen

3 Ringelborke mit langen, waagerechten Korkwarzenbändern

3er-Check

Merkmale: Sommergrüner, langschäftiger bis zu 30 m hoher Baum mit aufrechten Ästen und anfänglich glatter und glänzender Borke. Blätter mit 7–12 cm langer, am Rande regelmäßig gesägter Spreite. Blüten zwittrig, weiß, 2–3 cm breit. Früchte 10 mm groß, mit 1-samigem Steinkern.

Vorkommen: Auf tiefgründigen, nährstoffreichen, feuchten Lehm- und Sandböden. Häufig in Laubmischwäldern, vergesellschaftet mit Buche, Eiche, Hainbuche, Ahorn. Europa bis zum nördlichen Kleinasien, zur Krim und dem Kaukasus. In den Alpen bis zu Höhen von 1700 m.

Biologie: Die Vogel-Kirsche ist ein Licht- bis Halbschattengehölz. Meist nur zur Blütezeit oder während der intensiven Herbstfärbung kann man sich ein Bild von ihrer Häufigkeit machen. Sie ist, was die Früchte anbelangt, recht formenreich. Sie können sich im Geschmack beträchtlich unterscheiden. Die Verbreitung der Früchte erfolgt durch Vögel und Säugetiere. Steinkerne wurden in der Umgebung stein- und bronzezeitlicher Siedlungen gefunden. Die Vogel-Kirsche ist die Wildform der Süß-Kirsche. Die Züchtung erfolgte nicht in Mitteleuropa, sondern im Mittelmeergebiet.

J	F	M	A	M	J	J	A	S	O	N	D

Prunus cerasifera **Kirschpflaume**

1 Frucht kugelförmig, 2–3 cm groß, gelb bis braunrot

2 Blätter 5–10 mm lang gestielt, am Grunde mit 2 Nektardrüsen

3 Blüten zu 1–3 seitlich an vorjährigen Trieben, weiß

3er-Check

Merkmale: Sommergrüner, breitkroniger, 5–8 m hoher Baum mit längsrissiger, schwarzgrauer Borke. Zweige kahl. Blätter mit länglich-eiförmiger, am Rande gesägter Spreite. Blüten zwittrig, 2–2,5 cm groß. Steinfrucht saftig-fleischig.

Vorkommen: Auf mittel- bis tiefgründigen, basenreichen Lehm- und Lössböden in vollsonniger Lage. Von der Balkan-Halbinsel über die Krim, Kleinasien, Iran, Kaukasien bis Südwestsibirien.

Biologie: Die Kirschpflaume gelangte über Arabien schon frühzeitig nach Europa. Sie wurde von den Römern sehr geschätzt. Hinsichtlich der Früchte steht sie zwischen Kirsche und Pflaume. In Mitteleuropa ist die Kirschpflaume erst seit dem 16. Jahrhundert in Kultur. Im Geschmack sind die Früchte von Baum zu Baum sehr unterschiedlich. Gekocht ergeben sie ein wohlschmeckendes Kompott. In den Gärten wird häufiger als die Normalform die Blut-Kirschpflaume kultiviert. Sie hat einen robusteren Wuchs, rot gefärbte Blätter, hellrosa gefärbte Blüten und tiefrot gefärbte Früchte. Sie gelangte um 1880 durch den Obergartenmeister des Schahs, Pissard, aus Täbris nach Frankreich und war bald als *Prunus pissardii* in ganz Europa zu finden.

| J | F | M | A | M | J | J | A | S | O | N | D |

Sauer-Kirsche *Prunus cerasus*

1 Frucht abgeflacht-kugelförmig, 1,5–2 cm groß, dunkelrot

2 Blätter 1–2 cm lang gestielt

3 Blüten zu 3–4 seitlich an unbelaubten Kurztrieben

3er-Check

Merkmale: Sommergrüner Strauch oder bis 10 m hoher Baum mit breiter Krone und dunkel rotbrauner Ringelborke, die zahlreiche waagerechte Korkwarzenbänder aufweist. Blätter elliptisch bis eiförmig, mit 5–12 cm langer Spreite; Nektardrüsen oft fehlend. Blüten zwittrig, weiß, 2–3 cm groß. Steinfrüchte mit 1-samigem Steinkern.

Vorkommen: Auf nährstoff- und basenreichen, mittel- bis tiefgründigen Sand- und Lehmböden. Häufig verwildert in Südosteuropa und Westasien.

Biologie: Die Sauer-Kirsche ist eine Kulturpflanze, die in vielen Teilen Europas kultiviert wird und in Deutschland verwildert anzutreffen ist. Über den Ursprung der Sauer-Kirsche wissen wir sehr wenig. Sie tritt uns vor allem in 2 Formen entgegen. Die Baum-Sauer-Kirsche ist ein Baum mit mehr oder weniger aufrechten Zweigen. Hierzu zählen die Glaskirschen, Wasserkirschen oder Morellen. Die 2. Form wächst strauchig, hat überhängende Zweige und bildet Wurzelsprosse. Sie wird als Strauch-Sauer-Kirsche oder Schattenmorelle bezeichnet. Man nimmt an, dass es sich bei der Sauer-Kirsche um eine Kreuzung aus der Süß-Kirsche mit der Zwerg- oder Steppen-Kirsche *(Prunus fruticosa)* handelt.

| J | F | M | A | M | J | J | A | S | O | N | D |

Prunus dulcis **Mandelbaum**

1 Äußeres Fruchtfleisch lederig-pelzig; Steinkern mit gelöcherter Oberfläche

2 Blüten und Früchte zu 1–2, sehr kurz und dick gestielt

3 Blätter linealisch, 7–11 cm lang

3er-Check

Merkmale: Sommergrüner aufrechter Großstrauch oder bis 10 m hoher, mitunter vom Grunde an mehrstämmiger Baum mit graubrauner bis schwärzlicher, längsrissiger Borke. Triebe und Blätter kahl. Blüten weiß bis hellrosa, an unbeblätterten Kurztrieben. Früchte länglich-eiförmig, 3–6 cm lang, mit 3–4,5 cm langem Steinkern.

Vorkommen: Auf mittel- bis tiefgründigen, steinigen bis lockererdigen, gut drainierten, mäßig nährstoffreichen Böden an vollsonnigen und wintermilden Standorten. Mittel- und Westasien.

Biologie: In Mitteleuropa nur im Weinbauklima angepflanzt, da der Mandelbaum empfindlich gegen Spätfröste ist. Am Oberrhein, an der Bergstraße, in der Pfalz und im Rheingau wird er häufig angepflanzt und bildet Früchte aus. Die Mandel ist mit dem Pfirsich verwandt. Doch ist, im Unterschied zu diesem, die äußere Fruchtwand nicht saftig-fleischig, sondern fest und löst sich bei der Reife ab. Bei der Mandel unterscheidet man 2 Formen. Die Bittere Mandel enthält im Kern Amygdalin, eine giftige Blausäureverbindung. Bereits 7–10 verzehrte Mandeln können zum Tode führen. Die Süße Mandel ist fast frei von Amygdalin.

J F **M A** M J **J A S** O N D

Blätter ungeteilt, Blattrand gesägt oder gezähnt: wechselständig

Weichsel-Kirsche *Prunus mahaleb*

3er-Check

1 Blüten in Doldentrauben

2 Blätter breit-eiförmig, kerbig gesägt, 10–15 mm lang gestielt

3 Frucht kugelförmig, 8–10 mm groß, schwarz glänzend

Merkmale: Sommergrüner, vom Grunde an oft mehrstämmiger, breitkroniger, 3–10 m hoher Baum mit längsrissiger, graubrauner Borke. Blätter oberseits glänzend. Blüten zwittrig, weiß, 10–15 mm breit.

Vorkommen: Auf kalkreichen bis mäßig sauren, flachgründigen Felsböden oder mittel- bis tiefgründigen Lehm- oder Lössböden. Selten, aber gesellig an sommerwarmen Hängen, in lichten Eichen- und Laubmischwäldern. Europa bis Kleinasien, Kaukasus und Turkestan. In Deutschland vor allem im Rhein-, Nahe- und Donaugebiet; in den Südalpen bis 900 m hoch ansteigend.

Biologie: Die Weichsel-Kirsche wird von Bienen bestäubt und von Vögeln, namentlich Amseln, Drosseln und Eichelhähern verbreitet. Die Früchte schmecken etwas bitter, wurden aber, wie Funde belegen, in der Jungsteinzeit auch vom Menschen verzehrt. In Deutschland wächst die Weichsel-Kirsche vergesellschaftet mit dem Burgen-Ahorn, der Elsbeere, dem Wolligen Schneeball, der Schlehe und Hunds-Rose. Häufig wird die Pflanze von Gespinstmotten befallen, die für Kahlfraß sorgen und die Zweige mit einem grauen Gespinst überziehen.

J	F	M	A	M	J	J	A	S	O	N	D

Prunus padus **Trauben-Kirsche**

1 Blüten in hängenden Trauben, an vorjährigen Zweigabschnitten

2 Blätter zugespitzt, 1,5–2 cm lang gestielt, am Grunde mit 2 Nektardrüsen

3 Kirschen kugelförmig, 7–9 mm groß, glänzend schwarzrot

3er-Check

Merkmale: Sommergrüner, meist vom Grunde an mehrstämmiger, 8–18 m hoher, locker verzweigter Baum mit überhängenden Zweigen und schwarzgrauer, glatter Rinde. Blätter mit 6–10 cm langer Spreite und gleichmäßig gesägtem Rand. Blüten zwittrig, weiß, 12–20 mm breit.

Vorkommen: Auf feuchten, mitunter zeitweise überschwemmten, tiefgründigen, humosen und nährstoffreichen Lehm- und Tonböden oder steinig-sandigen Lehmböden. Von Europa bis nach Sibirien, dem Kaukasus und Himalaja. In Mitteleuropa vom Tiefland bis zu den Alpen in Höhenlagen von 1500 m.

Biologie: Die Trauben-Kirsche begegnet uns in 2 Formen. Die typische Form ist ein hoher Baum mit überhängenden Zweigen und duftenden Blüten, der vor allem in Auenwäldern wächst. Die zweite Unterart wächst strauchig, wird selten höher als 3 m, hat derbere Blätter, fast duftlose Blüten und bevorzugt eher die höheren Lagen im Gebirge. Die Früchte schmecken etwas bitter, werden aber gelegentlich zu Saft, Mus und Mischmarmelade verarbeitet. Steinkernfunde belegen ihre Verwendung in der Stein- und Bronzezeit. Trauben-Kirschen werden etwa 60 Jahre alt.

J	F	M	A	M	J	J	A	S	O	N	D

Späte Trauben-Kirsche *Prunus serotina*

3er-Check

1 Früchte in Trauben, 8–10 mm groß, dunkelrot bis schwarz

2 Blätter länglich-eiförmig, oberseits auffällig glänzend

3 Blätter unterseits entlang der Mittelrippe mit braunen Wollhaaren

Merkmale: Sommergrüner Großstrauch oder bis 20 m hoher Baum mit schmaler Krone und dunkelbrauner Borke. Blätter 4–12 cm lang. Blüten weiß, 6–12 mm breit.

Vorkommen: Auf tiefgründigen, oft nur mäßig nährstoffreichen Sand- und Lehmböden; in Laubmischwäldern und an Waldrändern. Östliches Nordamerika. In den Appalachen bis 2000 m hoch ansteigend. Nach Europa, genauer Frankreich, gelangte die Späte Trauben-Kirsche 1623. In Deutschland ist sie ab 1685 nachgewiesen. Ende die 18. Jahrhunderts wurde sie als Forstgehölz angepflanzt.

Biologie: Schnell nach ihrer Anpflanzung begann sich die Späte Trauben-Kirsche unkontrolliert auszubreiten. Durch Wurzelsprossbildung gelang es ihr, sich sehr schnell auch ohne Samen zu vermehren. Die in sie gesetzten Erwartungen als wertvolles Forstgehölz hat sie nicht erfüllt, da die Bäume in Mitteleuropa meist schlechtwüchsig sind. Mechanische und chemische Bekämpfungsmaßnahmen haben sich nicht bewährt. Besonders in der Norddeutschen Tiefebene und an vielen anderen Standorten bleibt die Späte Trauben-Kirsche oft nur strauchig, fruchtet jedoch sehr reich. Sie blüht etwa 14 Tage später als die Trauben-Kirsche.

J	F	M	A	M	J	J	A	S	O	N	D

Prunus spinosa **Schlehe, Schwarzdorn**

1 Dornig bewehrter, dichter Strauch; Blüten vor dem Laub erscheinend

2 Blätter verkehrt-eiförmig bis elliptisch; Nektardrüsen undeutlich

3 Frucht kugelförmig, kurz gestielt, blau bereift

3er-Check

Merkmale: Sparrig und dicht verzweigter Strauch mit fast schwarzer Rinde. Blätter 2–10 mm lang gestielt, mit 3–4 cm langer, oberseits glänzender, am Rande gesägter Spreite. Blüten zwittrig, weiß, 10–12 mm breit. Früchte 10–15 mm groß, 5 mm lang gestielt.

Vorkommen: Auf nährstoffreichen, oft kalkhaltigen, mittel- bis tiefgründigen Lehmböden sowie feinerdearmen Gesteinsböden. An vollsonnigen Fels- und Berghängen, im Saum von Gebüschen und in Steppenrasen. Europa bis Kleinasien und Kaukasus; Nordwestafrika. In Mitteleuropa weit verbreitet. In den Nordalpen bis 1000 m, im Süden bis 1500 m hoch ansteigend.

Biologie: Die Schlehe ist ein sehr lichtbedürftiges Pioniergehölz. In aufgelassenen Wiesen, Weiden und Weinbergen vermag sie durch ihre Wurzelsprosse schnell undurchdringliche Gebüsche zu bilden und die krautige Vegetation zu verdrängen. Die kurzlebigen Blüten bilden reichlich Nektar, der von vielen verschiedenen Insekten gesammelt wird. Die Früchte sind sehr reich an Gerbstoffen und vor der Vollreife weder für den Menschen noch für Tiere attraktiv. Sie werden von Vögeln verbreitet. Das sparrige Geäst dient als Packmaterial für Gradierwerke in Salinen.

J	F	M	A	M	J	J	A	S	O	N	D

Feuerdorn *Pyracantha coccinea*

1 Blätter glänzend, Rand kerbig gesägt; Blüten in dichten, flachen Rispen

2 Dornig bewehrter, wintergrüner Strauch

3 Früchte rundlich, oben abgeflacht, scharlachrot

3er-Check

Merkmale: Dicht sparrig verzweigter, bis 2 m großer Strauch. Junge Triebe behaart, Blätter linealisch-lanzettlich, 3–8 cm lang, oberseits glänzend, am Rand gesägt. Blüten zwittrig, weiß, in seitlichen Rispen, 7–8 mm breit. Früchte 5–6 mm groß.

Vorkommen: Auf flach- bis mittelgründigen, nährstoff- und basenreichen, frischen Lehm- und Steinböden in sommerwarmer und sommertrockener Klimalage. In Südosteuropa als Bestandteil der artenreichen Hopfenbuchen-Orient-Hainbuchen-Mischwälder. Südeuropa bis Kleinasien und dem Kaukasus.

Biologie: Der Feuerdorn ist in Mitteleuropa seit etwa 1629 in Kultur. Die Blüten werden von Bienen und anderen Insekten bestäubt. Vögel, Amseln, Drosseln und Stare, verzehren die Früchte. Für sie ist der Feuerdorn im Winter eine wichtige Nahrungsquelle. Es kommt jedoch nur selten zu einer Selbstverbreitung. Als reich blühendes und fruchtendes Ziergehölz wird er viel angepflanzt. Auch verträgt er Rückschnitt und eignet sich daher als Heckengehölz. In strengen Wintern können die Blätter erfrieren. Die Pflanzen nehmen jedoch kaum größeren Schaden. Es gibt zahlreiche Kultursorten.

J	F	M	A	M	J	J	A	S	O	N	D

Pyrus communis **Holz-Birne, Wild-Birne**

1 Frucht rundlich bis verkehrt-eiförmig; Fleisch mit körnigen Einschlüssen

2 Blätter breit-eiförmig bis rundlich, Rand fein gesägt

3 Blüten mit freien Griffeln

3er-Check

Merkmale: Sommergrüner, schwach bewehrter Strauch oder bis 20 m hoher Baum mit schmaler, lichter Krone und grauer, kleinschuppiger Borke. Blätter 2–7 cm lang gestielt, mit 3–7 cm langer Spreite. Blüten zwittrig, weiß, in 3- bis 9-blütigen Doldentrauben, 2–3,5 cm groß. Früchte 1,5–3,5 cm lang.

Vorkommen: Auf mittel- bis flachgründigen, feuchten bis sommertrockenen Lehmböden. In lichten Gebüschen und lichten Laubmischwäldern, aber auch in Auenwäldern. Europa bis Westasien. In Mitteleuropa vor allem in Mittel- und Süddeutschland.

Biologie: Apfel und Birne unterscheiden sich nicht nur in der Fruchtform und im Geschmack des Fruchtfleisches. Die Birne weist, besonders bei den Wildarten, typische verholzte Zellen, so genannte Steinzellennester, auf. Bei den Kulturbirnen sind sie weitgehend herausgezüchtet. Die Blüten duften und werden von Bienen und Fliegen bestäubt. Die reifen Früchte fallen zu Boden und werden von Säugetieren gefressen. Birnbäume können 100–150 Jahre alt werden. Das Holz ist sehr hart und schwer. Es wurde zu Messinstrumenten, Druckstöcken und als Ebenholzersatz verwendet, da es sich schwarz färben lässt.

| J | F | M | A | M | J | J | A | S | O | N | D |

Mehlbeere *Sorbus aria*

2 **1**

3

1 Frucht orange- bis korallenrot, Kelch bleibend; Blattunterseiten silbrig weiß

2 Blattrand unregelmäßig doppelt gesägt

3 Blüten in flach gewölbten Rispen

3er-Check

Merkmale: Sommergrüner, 5–15 m hoher Baum mit ebenmäßig ei- oder kugelförmiger Krone und grauer, längsrissiger, sich erst spät bildender Borke. Blätter 10–15 mm lang gestielt, mit 6–8 cm großer, breit-elliptischer Spreite. Blüten zwittrig, weiß, 15 mm breit. Früchte 10–13 mm lang.

Vorkommen: Auf lockeren, humosen, steinigen, flach- bis mittelgründigen Lehmböden. In lichten Eichen-Hainbuchen-Wäldern, Buchen- und Föhren-Wäldern, im Saum von Gebüschen und an südexponierten Hängen; bevorzugt in sommerwarmer Klimalage. Europa, Nordafrika. In Mitteleuropa vor allem im Bereich der Mittelgebirge; in den Alpen bis zu 1600 m hoch ansteigend.

Biologie: Die Mehlbeere zählt zu den betont wärmeliebenden Gehölzen der heimischen Flora. Sie bildet keine Reinbestände sondern wächst vergesellschaftet mit Elsbeere, Burgen-Ahorn, Wolligem Schneeball. Da sie sehr lichtbedürftig ist, findet man sie nicht in dicht geschlossenen Wäldern. Die Mehlbeere ist eine vielgestaltige Art, von der es mehrere Kleinarten, geographische Rassen und Formen auch in Deutschland gibt, von denen die meisten ein sehr begrenztes Verbreitungsgebiet haben.

J	F	M	A	M	J	J	A	S	O	N	D

Sorbus chamaemespilus **Zwergmehlbeere**

1 2

1	Blätter oberseits kahl und glänzend; Blüten hellrosa bis rot
2	Blattrand gleichmäßig gezähnt
3	Frucht kugelförmig, braunrot bis scharlachrot, Kelch bleibend

3er-Check

3

Merkmale: Sommergrüner, mäßig verzweigter, oft buschiger 1–1,5 m hoher Strauch mit anfangs behaarten, gerieften Zweigen. Blätter lederig, 5–10 mm lang gestielt, mit 5–8,5 cm großer Spreite. Blüten zwittrig, in filzig behaarten Schirmrispen, hellrosa bis rot, 10 mm breit. Früchte 12–15 mm groß.

Vorkommen: Auf lockeren, humosen, flach- bis mittelgründigen, meist steinigen Lehmböden. Gebirge Mittel- und Südeuropas. In Mitteleuropa in den Vogesen, im Schwarzwald, dem Schweizer Jura und im Nordalpenraum; hier von 800–2000 m hoch ansteigend.

Biologie: Die Zwergmehlbeere ist eine Charakterart der Schnee-Heide-Alpenrosen-Gesellschaft und wächst zusammen mit der Alpen-Waldrebe, Alpen-Heckenrose, Gemeinem Seidelbast und der Alpen-Heckenkirsche. Ferner finden wir sie in Föhren- und lichten Lärchen-Wäldern und in Hochstaudenfluren. Die Blüten sind recht unscheinbar. Sie werden von Bienen und Wespen bestäubt. Die aufwärts gerichteten Kronblätter verwehren kurzrüsseligen Insekten den Zutritt zum Nektar. Die reifen Früchte sind essbar. Sie werden von Vögeln und Säugetieren verzehrt. Die Zwergmehlbeere kann etwa 40 Jahre alt werden.

J	F	M	A	M	J	J	A	S	O	N	D

Stechpalme, Hülse *Ilex aquifolium* §

1 Früchte kugelförmig, rot glänzend

2 Blüten weiß, in der Achsel vorjähriger Blätter

3 Blätter dick-lederig, ganzrandig oder mit stechenden Stachelgrannen

3er-Check

Merkmale: Immergrüner, aufrechter Strauch oder bis 15 m hoher Baum mit dünner, schwarzbrauner Borke. Junge Zweige gerieft, grün, kurz und dicht behaart. Blätter 10–15 mm lang gestielt, mit elliptischer, 5–8 cm langer Spreite. Blüten 4-zählig, eingeschlechtig; Pflanzen zweihäusig. Kronblätter 4 mm lang. Steinfrüchte 8–10 mm groß, mit 4 hellbraunen Steinkernen.

Vorkommen: Auf nährstoff- und basenreichen, meist kalkfreien bis mäßig sauren, humosen, steinigen Lehmböden. In Buchen-, Buchen-Tannen- und Eichen-Hainbuchen-Wäldern. Atlantisches Europa, westliches und zentrales Mittelmeergebiet. In Mitteleuropa vor allem im Norddeutschen Tiefland.

Biologie: An dunkleren Standorten meist strauchig bleibend und vielfach nicht zur Blüte gelangend, sich mit Hilfe von Wurzelsprossen ausbreitend. Im Freistand baumförmig. Im Mittelmeergebiet vor allem in Höhenlagen zwischen 600 und 1000 m. Die Blüten werden vorwiegend von Bienen bestäubt, die Früchte von Amseln und Drosseln verzehrt und verbreitet. Stechpalmen können bis 300 Jahre alt werden. Die Früchte sind giftig. Besonders in England sind fruchtende Zweige als Weihnachtsschmuck begehrt.

| J | F | M | A | M | J | J | A | S | O | N | D |

Rhamnus alpina **Alpen-Kreuzdorn**

1 Blätter breit-elliptisch, zugespitzt; Seitennerven parallel

2 Blüten gelbgrün, in den Achseln der ersten Laubblätter

3 Früchte kugelförmig, reif schwarz (auf dem Foto unreif)

3er-Check

Merkmale: Sommergrüner, aufrechter, nur schwach verzweigter, vielgestaltiger, bis 3,5 m hoher Strauch. Blätter 5–12 cm lang und 2–6 cm breit. Blüten meist eingeschlechtig, zweihäusig verteilt, 4-zählig, die weiblichen oft ohne Kronblätter. Früchte 4–10 mm groß, mit 3 Steinkernen bzw. Samen.

Vorkommen: Auf kalkhaltigen Böden, Felsen oder Geröll, bevorzugt an sonnigen Standorten; an Waldrändern, Bachufern sowie in lichten Laub- und Nadelwäldern. Vorwiegend im Bergland in Höhen von 600–1300 m; in den Alpen jedoch bis 2150 m ansteigend. Südeuropäische Gebirge von Spanien bis nach Griechenland; nördlich bis Mittelfrankreich, Schweiz, Steiermark und Kärnten.

Biologie: Die Blüten werden wegen ihres Nektars von Fliegen und Hautflüglern aufgesucht. Vögel verzehren die Früchte und verbreiten die Steinkerne. Der Alpen-Kreuzdorn lässt sich in 2 Unterarten gliedern. Die eine, subspecies *alpina,* kommt im westlichen Verbreitungsgebiet, in Mitteleuropa vor allem in der Schweiz vor. Sie hat behaarte Triebe und kleinere Blätter sowie nur 4 mm große Früchte. Die zweite, subspecies *fallax,* hat kahle Zweige, größere Blätter, häufig zwittrige Blüten und 8–10 mm große Früchte.

J	F	M	A	M	J	J	A	S	O	N	D

Feld-Ahorn *Acer campestre*

2 1

1 Blätter stumpf 5-lappig, die unteren Lappen sehr klein

2 Fruchtflügel einander gegenüber stehend

3 Blüten mit den Blättern erscheinend

3er-Check

3

Merkmale: Sommergrüner, reich verzweigter 10–15 m hoher, rundkroniger Baum mit grau- bis schwarzbrauner, fast rechteckig gefelderter Schuppenborke. Junge Zweige Milchsaft führend. Blätter 2–7 cm lang gestielt, mit 5–8 cm langer Spreite. Blüten gelbgrün, in einer 10- bis 20-blütigen Rispe, zwittrig oder eingeschlechtig, 6–8 mm groß; Kelch- und Kronblättert fast gleich gestaltet. Früchte aus 2 Fruchtblättern gebildet; Teilfrüchte 2,5–3,5 cm lang.

Vorkommen: Auf nährstoff- und basenreichen, feuchten bis wechseltrockenen Lehmböden. In krautreichen Eichen-Hainbuchen-Mischwäldern, Buchen- und Auenwäldern, an Waldsäumen, Feldrainen und Hecken. Europa bis Nordiran. In Mitteleuropa vom Tiefland bis in Gebirgslagen von 1000 m Höhe.

Biologie: Der Feld-Ahorn verlangt mehr Sommerwärme als Berg- und Spitz-Ahorn, ist aber dürreempfindlicher als der Burgen-Ahorn. Er ist ein raschwüchsiges Gehölz, wird mit 15–20 Jahren blühfähig und erreicht ein Alter bis 150 Jahre. Aufgrund seiner großen Ausschlagskraft war er einst ein wichtiger Bestandteil der Niederwälder. Zur Viehfuttergewinnung wurden die Bäume geschneitelt, d.h. junge Äste wurden regelmäßig abgeschnitten.

J	F	M	A	M	J	J	A	S	O	N	D

Acer monspessulanum **Burgen-Ahorn**

1 Blätter lederig, 3-lappig

2 Fruchtflügel parallel zueinander stehend

3 Blüten mit den Blättern erscheinend, lang gestielt

3er-Check

Merkmale: Sommergrüner, reich verzweigter, 3–10 m hoher, etwas sparriger oder krummer Baum mit flacher, längsrissiger, schwarzbrauner Schuppenborke. Blätter 2–6 cm lang gestielt, mit 3–6 cm langer Spreite. Blüten gelbgrün, zwittrig oder eingeschlechtig, in doldenartigen Rispen; Kelch und Kronblätter fast gleich gestaltet. Früchte 2,5 cm lang.

Vorkommen: Auf nährstoff- und basenreichen, meist kalkarmen bis mäßig sauren, steinigen, flach- bis mittelgründigen Lehmböden. Mittelmeergebiet bis Kleinasien; Nordiran, Turkestan. In Deutschland nur im Mosel-, Nahe-, Mittelrhein- und Maintal.

Biologie: Der Burgen-Ahorn ist eine sehr licht- und wärmebedürftige Art. Anders als im Mittelmeergebiet, wo er mächtige Bäume mit dicken Stämmen bilden kann, bleibt er bei uns oft nur großstrauchig. Er ist konkurrenzschwach und kommt daher nur selten in geschlossenen Wäldern im Reinbestand vor, etwa im Nahetal. Vorwiegend wächst er an sommerwarmen und sommertrockenen Hängen in lichten Gebüschen, vergesellschaftet mit Elsbeere, Mehlbeere, Trauben-Eiche, Felsenbirne, Wolligem Schneeball und Bibernell-Rose. Die Blüten werden von Bienen bestäubt.

J	F	M	A	M	J	J	A	S	O	N	D

Spitz-Ahorn *Acer platanoides*

2 **1**

3

1 Blätter 5-lappig, Lappen grannen-artig-spitz auslaufend

2 Fruchtflügel einander fast gegenüber stehend

3 Borke längsrissig, schwarzbraun

3er-Check

Merkmale: Sommergrüner, breitkroniger 20–30 m hoher Baum mit kahlen, Milchsaft führenden jungen Zweigen; Stämme mit Rippenborke. Blätter 3–20 cm lang gestielt, mit bis 20 cm großer, dünner Spreite. Blüten vor den Bättern erscheinend, gelblichgrün, zwittrig oder eingeschlechtig, in kurzen Rispen; Kelch und Krone ähnlich gestaltet (siehe Foto S. 227). Fruchthälften 4–5 cm lang.

Vorkommen: Auf tiefgründigen, feuchten, nährstoff- und basenreichen, lockeren Lehm- und Steinschuttböden. In Buchen- und Laubmischwäldern, Linden-Ahorn-Wäldern, Eichen-Ulmen-Auenwäldern und Schluchtwäldern. Europa bis zum Kaukasus und Nordiran. In Mitteleuropa vom Tiefland bis in die Gebirgslagen um 1000 m hoch ansteigend.

Biologie: Die einzige heimische Ahorn-Art, bei der die Blüten voll zur Geltung kommen, da sie vor der Laubentfaltung erscheinen. Er ist insektenblütig; Bestäuber sind vor allem Bienen. Die Früchte werden vom Wind verbreitet. Die Bäume werden nach 15–20 Jahren blühfähig. Sie erreichen ein Lebensalter von etwa 150 Jahren und bilden 60–100 cm dicke Stämme. Die Herbstfärbung reicht von goldgelb bis leuchtend rot.

J	F	M	A	M	J	J	A	S	O	N	D

Acer pseudoplatanus **Berg-Ahorn**

1 Blätter 5-lappig, Lappen stumpf gesägt bis spitz

2 Fruchtflügel einen rechten bis spitzen Winkel miteinander bildend

3 Borke schuppig, braun bis graubraun

3er-Check

Merkmale: Sommergrüner, breitkroniger, bis 30 m hoher Baum mit kräftigen Ästen und kahlen Trieben. Blätter 3–15 cm lang gestielt, mit bis zu 20 cm langer, unterseits behaarter Spreite. Blüten mit oder nach den Blättern erscheinend, gelbgrün, in traubenartigen, hängenden Rispen mit zwittrigen und eingeschlechtigen Blüten. Teilfrüchte 3,5–4,5 cm lang.

Vorkommen: Auf tiefgründigen, humus- und nährstoffreichen Lehmböden. In Schlucht-, Linden-Ahorn- und Buchen-Mischwäldern. Von der Hügelstufe bis zur subalpinen Zone; im Schwarzwald bis 1480 m, in den Alpen bis 1650 m hoch ansteigend. Europa. In Mitteleuropa vor allem in den Mittelgebirgen.

Biologie: Die Blüten des Berg-Ahorns werden durch Bienen und Fliegen bestäubt; die Früchte verbreitet der Wind. Jungbäume werden mit 20–30 Jahren blühfähig. Die Bäume können ein Alter von 500 Jahren erreichen und dann Stämme von bis zu 3,5 m Durchmesser haben. Häufig sind Stämme und dicke Äste mit Moosen und Flechten bekleidet. Das Holz des Berg-Ahorns ist sehr wertvoll. Es wird zu Furnieren verarbeitet und auch für Musikinstrumente genutzt.

J	F	M	A	M	J	J	A	S	O	N	D

Silber-Ahorn *Acer saccharinum*

2 **1**

1 Blätter tief 5-lappig, unterseits silber-grau bis weiß

2 Fruchtflügel spitzwinklig spreizend, sichelförmig gebogen

3 Blüten klein und unscheinbar, vor den Blättern erscheinend

3er-Check

3

Merkmale: Sommergrüner, breitkroniger, bis 30 m hoher Baum mit kahlen, überhängenden Zweigen und silbrig- bis graubrauner, längsrissiger Schuppenborke. Blätter 8–12 cm lang gestielt, mit 7–14 cm großer Spreite. Blüten eingeschlechtig; Pflanzen einhäusig. Früchte 3,5–6 cm lang.

Vorkommen: Auf tiefgründigen oder steinigen, nährstoffreichen, aber sauren Lehm- und Auenböden. In Auen- und Laubmischwäldern. Östliches Nordamerika.

Biologie: Der Silber-Ahorn, nicht zu verwechseln mit *Acer saccharum,* dem Zucker-Ahorn, wird in Mitteleuropa häufig angepflanzt. Vor allem wegen seiner Raschwüchsigkeit in den ersten 25–30 Jahren ist er ein begehrter Baum für die städtische Begrünung. Häufig wird jedoch vergessen, dass er keinen Kalk verträgt und dann häufig gelbes Laub bekommt (Chlorose). Wie viele schnellwüchsigen Auengehölze erreicht er mit etwa 100 Jahren, verglichen mit anderen baumförmigen Ahorn-Arten, kein hohes Alter. Die Blüten werden von Bienen bestäubt. Die Früchte, bei denen häufig nur ein Fruchtflügel entwickelt ist, keimen bereits kurz nach der Reife. Sie sind begehrtes Futter für viele Nagetiere.

J	F	M	A	M	J	J	A	S	O	N	D

Viburnum opulus # Gemeiner Schneeball

1 Am Rand stehende Blüten der Schirmrispe viel größer als innere

2 Spreite 3- bis 5-lappig

3 Früchte kugelförmig, rot glänzend

3er-Check

Merkmale: Sommergrüner, reich verzweigter, bis 4 m hoher Strauch. Blätter 2–3 cm lang gestielt, Spreite 8–12 cm lang. Blüten 5-zählig, weiß, am Rand stehende unfruchtbar, innere zwittrig, 4–5 mm breit. Steinfrüchte 10 mm groß, mit abgeflachtem Steinkern.

Vorkommen: Auf nährstoff- und basenreichen, schwach sauren, humosen Lehm- und Tonböden. In Auenwäldern, Hecken, Gebüschen, an Waldrändern. Vom Tiefland bis in mittlere Gebirgslagen; in den Alpen bis zu 1700 m Höhe. Europa bis Kaukasus.

Biologie: Der Gemeine Schneeball ist eine Halbschattenpflanze. Die Blüten werden von Fliegen, Käfern und Schmetterlingen besucht. Die Früchte sind ungenießbar, sehr sauer und gelten als giftverdächtig. Sie werden von heimischen Vögeln weitgehend verschmäht. Verschiedene Inhaltsstoffe wie Saponin, Gerbstoffe und das bitter schmeckende Viburnin machen sie wenig attaktiv, sodass sie oft noch im Spätwinter an den Zweigen hängen. Der rege Ameisenbesuch geht auf die reiche Nektarproduktion der Nektardrüsen an den Blattstielen zurück. In den Gärten häufig angepflanzt wird eine Mutante, deren Blüten alle steril und zu kugelrunden Ständen angeordnet sind.

J	F	M	A	M	J	J	A	S	O	N	D

Ginkgobaum *Ginkgo biloba*

2 **1**

1 Kurztriebsblätter fächerförmig, ohne Spalt

2 Samen kugelförmig, lang gestielt, einzeln oder paarweise, reif gelb

3 Blätter an Langtrieben fächerförmig, einzeln, gespalten

3er-Check

3

Merkmale: Sommergrüner, breitkroniger, 30–40 m hoher Baum mit deutlichem Lang- und Kurztriebdimorphismus sowie grauer Borke. Blätter 2–9 cm lang gestielt, mit 7–10 cm langer Spreite; im Herbst mit goldgelber Färbung. Blüten eingeschlechtig; Pflanzen zweihäusig. Männliche Blüten kätzchenförmig, 3–5 cm lang. Weibliche Blüten 3–5 cm lang gestielt mit 2 Samenanlagen. Samen 2,5–3 cm groß, außen mit fleischiger, innen mit kernartiger Samenschale.

Vorkommen: Auf feuchten, aber gut wasserdurchlässigen, tiefgründigen, nährstoffreichen Böden in Höhenlagen bis zu 750 m. Südostchina; im Grenzgebiet der Provinzen Anhui und Zhejiang südöstlich des unteren Jangtsekiang sowie im Nordteil der Privinz Guizhou am oberen Jangtsekiang.

Biologie: Nach Europa gelangte der Ginkgobaum 1730, jedoch aus Japan, wo der Baum häufig angepflanzt wird. Verwandte des Ginkgobaumes sind bereits aus dem Erdaltertum (Perm) fossil nachgewiesen. Er kann mit Recht als lebendes Fossil bezeichnet werden. Mit 20–30 Jahren erlangen junge Bäume ihre Blühfähigkeit. Der Ginkgobaum zählt zu den Gehölzen, die große Luftverschmutzung und Lufttrockenheit ertragen können.

J	F	M	A	M	J	J	A	S	O	N	D

Platanus x hispanica **Ahornblättrige Platane**

1 Blätter lederig, 5-lappig; Knospen nicht sichtbar

2 Fruchtstände lang gestielt, mit 1–3 Kugeln

3 Borke in großen Platten abfallend, Stamm gescheckt

3er-Check

Merkmale: Sommergrüner, breitkroniger, bis 35 m hoher Baum mit meist kurzem Stamm, kräftigen Ästen und gelber bis graubrauner Borke. Blätter derb, 5–10 cm lang gestielt, mit 15–25 cm großer Spreite. Nebenblätter die Triebe kragenartig umschließend. Blüten unscheinbar, in eingeschlechtigen, kugelförmigen Ständen; Pflanzen einhäusig. Fruchtstände zur Reife 15–20 cm lang, mit 2–3, 3–4 cm dicken Kugeln.

Vorkommen: Auf feuchten und tiefgründigen, nährstoffreichen Lehm- oder Steinböden. An vollsonnigen Standorten.

Biologie: Die Ahornblättrige Platane ist ein Bastard der Morgenländischen Platane mit der Abendländischen Platane aus dem östlichen Nordamerika. Beide Eltern kommen nur gewässerbegleitend an Ufern von Seen und Flüssen vor. Um so erstaunlicher ist es, dass die Ahornblättrige Platane auch im lufttrockenen innerstädtischen Bereich gut gedeiht. Platanen sind windblütig, die Blüten erscheinen mit den Blättern. Die Früchte bleiben den Winter über am Baum, bis die Fruchtstandsachsen zerfasern und die Früchte zu Boden fallen. Die Samen keimen an feuchten Standorten recht gut. Jungbäume sind mit 20–25 Jahren blühfähig.

J	F	M	A	M	J	J	A	S	O	N	D

Zerr-Eiche *Quercus cerris*

1 Blätter tief buchtig gelappt, sich rau anfühlend; Knospen mit fädigen Fortsätzen

2 Fruchtbecherschuppen lang ausgezogen

2er-Check

Merkmale: Sommergrüner, breitkroniger, bis 30 m hoher Baum mit dunkelgrauer, tief gefurchter Rippenborke. Blätter derb-lederig, 1–2 cm lang gestielt, mit 8–13 cm langer Spreite und fädigen Nebenblättern. Blüten unscheinbar, windblütig, in eingeschlechtigen Ständen; Pflanzen einhäusig. Männliche Blüten in bis 8 cm langen hängenden Kätzchen; weibliche Blüten zu 1–4 an Jungtrieben. Eicheln 3–4 cm lang, erst im 2. Jahr reifend.

Vorkommen: Auf sommerwarmen, mittel- bis tiefgründigen, nährstoffreichen, humosen, kalkhaltigen bis kalkfreien Lehm und Silikatböden. Von der Ebene bis zu mittleren Gebirgslagen. Südeuropa und südliches Mitteleuropa; Klein- und Westasien.

Biologie: Die Zerr-Eiche ist in Süd- und Südosteuropa ein wichtiges Waldgehölz. Sie bildet Reinbestände oder findet sich in Eichen-Hainbuchen-Wäldern. Treten Zerr-Eichen und Stiel-Eichen gemeinsam auf, kann man häufig merkwürdig große Fruchtgallen, so genannte Knoppern beobachten, die im Herst aber nur unter Stiel-Eichen liegen. Auf der Zerr-Eiche werden die männlichen Blütenstände befallen, darauf bei der Stiel-Eiche die heranwachsenden Früchte.

J	F	M	A	M	J	J	A	S	O	N	D

RL 3 *Quercus pubescens* # Flaum-Eiche

1 Blätter kurz gestielt, Oberseite kahl

2 Blattspreite unterseits flaumig behaart

3 Früchte kurz gestielt, vom Fruchtbecher zur Hälfte umhüllt

3er-Check

Merkmale: Sommergrüner, meist langschäftiger, 5–20 m hoher, reich verzweigter Baum mit dicker, stark zerklüfteter Rippenborke. Junge Zweige dicht flaumig behaart. Blätter 8–15 mm lang gestielt, mit 5–15 cm langer Spreite. Blüten unscheinbar, in eingeschlechtigen Ständen; Pflanzen einhäusig. Eicheln zu 1–5, in sehr kurz gestielten Ständen, 2,4–3,5 cm lang, im 1. Jahr reifend.

Vorkommen: Auf nährstoffreichen, mittel- bis tiefgründigen, steinigen Lehm- und Lössböden. Europa bis Kleinasien und Kaukasus. In Deutschland vorwiegend im Oberrheingebiet, Nahe-, Mosel- und Mittelrheintal, in Thüringen und im Saaletal.

Biologie: Die Flaum-Eiche ist ein lichtbedürftiges, wärmeliebendes und tief wurzelndes Gehölz. In Mitteleuropa handelt es sich meist um Reliktstandorte aus der Wärmezeit (5000–2500 v. Chr), in der Eichen hier eine dominierende Rolle spielten (Eichen-Mischwaldzeit). Infolge von Klimaverschlechterung, verbunden mit höherer Feuchtigkeit, mussten sie der stärker vordringenden Buche weichen. In Süd- und Südosteuropa ist die Flaum-Eiche ein wichtiger Bestandteil der ursprünglichen Eichen- und Eichen-Mischwälder. Die Flaum-Eiche erreicht ein Alter von 500 Jahren.

J	F	M	A	M	J	J	A	S	O	N	D

Trauben-Eiche *Quercus petraea*

2 **1**

1 Blätter lang gestielt, mit 5–7 engen Blattbuchten

2 Früchte fast ungestielt, vom Fruchtbecher zu ¼ umhüllt

3 Stamm gerade, nahezu bis in die Kronenspitze durchgehend

3er-Check

3

Merkmale: Sommergrüner, langschäftiger, 20–30 m hoher Baum mit graubrauner Rippenborke. Blätter 2–2,5 cm lang gestielt, mit 10–12 cm langer Spreite. Blüten unscheinbar, in eingeschlechtigen Ständen; Bäume einhäusig. Männliche Kätzchen bis 6 cm lang, schlaff hängend. Weibliche Blüten zu 1–5; zu 2–3 cm langen Eicheln auswachsend, die im 1. Jahr reifen.

Vorkommen: Auf mäßig nährstoffreichen bis -armen, mittelgründigen, sauren, locker durchlässigen, felnerdearmen, mäßig trockenen Stein- und Lehmböden. Europa bis Kleinasien. In Mitteleuropa häufig. Nördlich der Alpen bis 700 m, in den Südalpen bis 1600 m hoch ansteigend.

Biologie: Die Trauben-Eiche bevorzugt mäßig sommertrockene und wintermilde Klimalagen und meidet Staunässe und hohen Grundwasserstand. Sie wächst vergesellschaftet mit der Flaum-Eiche, Buche und Hainbuche und ist Charakterart des Eichen-Hainbuchen-Waldes. Reife Eicheln keimen am Boden liegend schon im Herbst, wobei zunächst das Wurzelsystem entwickelt wird. Nährstoffe werden in den beiden fleischigen Keimblättern gespeichert. Die Trauben-Eiche kann ein Alter von 500–800 Jahren erreichen.

J	F	M	A	M	J	J	A	S	O	N	D

Quercus robur **Stiel-Eiche**

1 Blätter fast sitzend, mit breiten Buchten

2 Fruchtstände lang gestielt, Früchte vom Fruchtbecher zu $1/3$ umhüllt

3 Stamm sich in dicke Äste aufspaltend

3er-Check

Merkmale: Sommergrüner, breitkroniger, 30–40 m hoher Baum mit kräftigen Ästen und tief gefurchter Borke. Blätter nur 2–7 mm lang gestielt, mit lederiger, oberseits glänzender, 10–15 cm langer Spreite. Blüten unscheinbar, eingeschlechtig; Bäume einhäusig. Männliche Blüten am Grunde von Langtrieben, 2–4 cm lang, schlaff hängend (siehe Foto S. 226). Weibliche Blüten in 1- bis 5-blütigen, lang gestielten Ähren. Eicheln 2–3,5 cm lang.

Vorkommen: Auf tiefgründigen, feuchten, nährstoffreichen Lehmböden und humosen Sandböden. Europa bis Kaukasus. In Mitteleuropa vom Norddeutschen Tiefland bis zu 1000 m Höhe in den Alpen.

Biologie: Die Stiel-Eiche verträgt mehr Feuchtigkeit als die Trauben-Eiche. Sie ist wichtiger Bestandteil der Hartholzaue. Jungbäume erreichen mit etwa 15–20 Jahren ihre Blühfähigkeit. Sie können 500–800 Jahre alt werden. Altersbestimmungen sind anhand der Jahresringe, die im Querschnitt ein bestimmtes Muster ergeben, sehr exakt. Diese Jahresringmuster sind bei verschiedenen Stämmen in einem Gebiet recht einheitlich und bilden die Grundlage für dendrochronologische Untersuchungen zur zeitlichen Datierung des Holzes beispielsweise von Holzplastiken.

J	F	M	A	M	J	J	A	S	O	N	D

Rot-Eiche *Quercus rubra*

1

2

1	Blätter mit grannenartig auslaufenden Lappen; Herbstfärbung intensiv rot
2	Früchte erst im 2. Jahr reifend, an vorjährigen Zweigabschnitten; Fruchtbecher sehr kurz, abgeflacht

2er-Check

Merkmale: Sommergrüner, breitkroniger, 25–30 m hoher Baum mit lange glatter Rinde und später dünnschuppiger grauer Borke. Blätter lederig, 2–5 cm lang gestielt, Spreite 10–20 cm lang. Blüten unscheinbar, in eingeschlechtigen Ständen; Bäume einhäusig. Männliche Blütenstände 10–12 cm lang, unterhalb der Jungtriebe. Weibliche Stände am Ende der Jungtriebe, zu 1–2. Früchte 2–2,5 cm lang.

Vorkommen: Östliches Nordamerika von Nova Scotia und New Brunswick südlich bis Georgia, westlich bis Oklahoma, Iowa und Minnesota. Auf tiefgründigen, nährstoffreichen, feuchten Böden.

Biologie: Die Rot-Eiche wurde zu Beginn des 18. Jahrhunderts nach Europa eingeführt. Hier hat sich das schnellwüchsige Gehölz sowohl als Forstbaum wie auch in großen Parks bewährt. Die Rot-Eiche wächst nur auf kalkfreiem Untergrund und benötigt höhere Niederschläge als die heimischen Eichen. Dank ihrer Schnellwüchsigkeit erreicht sie schon mit 15–20 Jahren Blühreife. Die Samen keimen gut und es kommt in forstlichen Beständen zu einer Naturverjüngung. In Nordamerika ist die Rot-Eiche maßgeblich am »Indian Summer« (Herbstfärbung) beteiligt.

J	F	M	A	M	J	J	A	S	O	N	D

Populus alba **Silber-Pappel**

1 Blätter rundlich-oval, unregelmäßig gelappt

2 Zweige weiß-filzig behaart; Blätter unterseits dicht weiß-filzig

3 Rinde grau bis graubraun, rautenförmig aufreißend

3er-Check

Merkmale: Sommergrüner, breitkroniger, 15–30 m hoher Baum mit kräftigen Ästen. Blätter 2–5 cm lang gestielt, mit 4–8 cm langer Spreite. Blüten lange vor dem Laubaustrieb erscheinend, in eingeschlechtigen Kätzchen; Bäume zweihäusig. Männliche Kätzchen 3–7 cm lang, weibliche etwas kürzer.

Vorkommen: Auf frischen, nährstoff- und basenreichen, lockeren Lehm- und Tonböden. In Auenwäldern, vor allem im Bereich der Hartholzaue. Europa bis Westsibirien; Westasien, Kaukasus und Himalaja. In den Alpen bis 1500 m hoch ansteigend.

Biologie: Die Silber-Pappel ist, wie alle Pappel-Arten, windblütig. Jungbäume erlangen mit etwa 40 Jahren ihre endgültige Höhe. Sie können ein Alter von 400–500 Jahren und einen Stammdurchmesser von 2,5 m erreichen. Das gleichmäßig strukturierte, weiche Holz wird in der Möbelschreinerei und zur Herstellung von Reißbrettern verwendet. Durch Kreuzung der Silber-Pappel mit der Zitter-Pappel entsteht ein Bastard, die Grau-Pappel *(Populus x canescens)*. Die Silber-Pappel vermag Wurzelsprosse zu bilden. An ihnen können die Blätter wesentlich größer und stärker behaart sein als im Kronenbereich.

J	F	M	A	M	J	J	A	S	O	N	D

Zweigriffliger Weißdorn *Crataegus laevigata*

2 **1**

3er-Check

1 Früchte beider Weißdorn-Arten scharlachrot, kahl, glänzend

2 Blüten mit 2 Griffeln

3 Blätter 3- bis 5-lappig, wenig tief gespalten oder gekerbt

Merkmale: Sommergrüner, 2–10 m hoher, reich verzweigter und dornig bewehrter Strauch oder kleiner Baum. Rinde lange glatt bleibend, olivgrün. Blätter derb, 5–15 mm lang gestielt, mit 2–3,5 cm langer Spreite, am Grunde spitz-keilförmig verschmälert. Blüten zwittrig, weiß, zu 5–10 in endständigen Doldenrispen; Kronblätter 5–8 mm lang. Früchte mit bleibendem Kelch und mit 2–6 mm langen Steinkernen, 8–11 mm groß.

Vorkommen: Auf nährstoffreichen, humosen, feuchten, basenreichen bis mäßig sauren Lehmböden. In lichten Eichen-, Buchen- und Kiefern-Wäldern, an Waldrändern und Gebüschsäumen. Europa. In Deutschland vom Tiefland bis in die Gebirgsstufe; in den Alpen 1000 m Höhe erreichend.

Biologie: Die Blüten des Weißdornes riechen unangenehm intensiv nach Trimethylamin. Der reich produzierte Nektar wird von Fliegen, Käfern und Bienen aufgenommen. Amseln, Drosseln und Krähen fressen und verbreiten die Früchte. Der Weißdorn ist ein Pioniergehölz auf unbewirtschafteten Wiesen, Feldern und Weinbergen. In den Gärten treffen wir häufig eine rote, gefüllt blühende Form, den Rotdorn an.

J	F	M	A	M	J	J	A	S	O	N	D

Crataegus monogyna **Eingriffliger Weißdorn**

3er-Check

1 Beide Weißdorn-Arten reichblütig, Blüten unangenehm duftend

2 Blüten mit nur 1 Griffel

3 Blätter 3- bis 7-lappig, tief einge- schnitten

Merkmale: Sommergrüner, dornig bewehrter Strauch oder bis 10 m hoher Baum mit olivgrüner, glatter Rinde; erst spät eine Schuppenborke bildend. Blätter derb, 5–15 mm lang gstielt, mit 1,5–6 cm langer Spreite, am Grunde keilförmig. Blüten zwittrig, weiß, 8–15 mm breit, zu 6–10 in endständigen Doldenrispen. Früchte mit bleibendem Kelch, 8–9 mm groß.

Vorkommen: Auf tiefgründigen, feuchten bis staunassen Auen- und Lehmböden, aber auch auf flachgründigen, humusarmen und wechseltrockenen, kalkreichen Hängen. In lichten Auenwäldern, an Waldsäumen. Europa bis Kleinasien, Kaukasus, Iran. In Europa bis Südskandinavien, östlich bis zum Don. Vom norddeutschen Flachland bis zu 1500 m Höhe in den Alpen.

Biologie: Hinsichtlich ihrer Biologie unterscheiden sich der Eingriffelige und Zweigriffelige Weißdorn nur wenig. Der Eingriffelige Weißdorn ist etwas lichtbedürftiger als die Schwesterart, verfügt jedoch über eine größere ökologische Breite und ist sehr häufig anzutreffen. Vielerorts ist er angepflanzt und verwildert. Vögel verzehren die Früchte und verbreiten die Art, sodass er als Pioniergehölz an geeigneten Standorten schnell präsent ist.

| J | F | M | A | M | J | J | A | S | O | N | D |

Schwedische Mehlbeere *Sorbus intermedia*

2 **1**

1 Früchte ei- bis kugelförmig, scharlachrot

2 Blätter länglich-elliptisch, nur im unteren Teil stark gekerbt bis fiederspaltig

3 Blüten weiß, in lockeren Schirmrispen

3er-Check

3

Merkmale: Sommergrüner, reich verzweigter, 5–15 m hoher Baum mit ebenmäßiger, ovaler oder kugelförmiger Krone. Stamm lange glatt bleibend, olivgrün bis graubraun; Borke längsrissig, schmutzig grau. Blätter 1–2 cm lang gestielt; mit derber, 7–10 cm langer Spreite. Blüten zwittrig, 12 mm breit. Früchte mit bleibendem Kelch, 10–12 mm groß.

Vorkommen: Auf nährstoffreichen, humosen, feuchten aber nicht nassen, basischen bis sauren Böden. Nördliches Europa. Südschweden, Seeland, Bornholm, Öland, Dagö, Ösel, Estland und Lettland. In Mitteleuropa nicht natürlich verbreitet.

Biologie: Die Schwedische Mehrbeere ist aufgrund ihres schönen Wuchses und ihrer dichten Krone ein geschätzter Alleebaum, der einen festen Stamm hat und auch Trockenheit und viel Wind verträgt. Die Schwedische Mehlbeere gehört zu den so genannten apomiktischen Sippen. Wir verstehen darunter Pflanzen, die zwar nur sterilen Pollen bilden, aber dennoch befähigt sind keimfähige Samen zu bilden. Solche Sippen sind meist hybridogenen Ursprungs, vermögen sich aber in ihrer genetischen Zusammensetzung zu erhalten und auch zu vermehren.

J	F	M	A	M	J	J	A	S	O	N	D

Sorbus torminalis **Elsbeere**

1 Frucht eiförmig, rötlichgelb, punktiert

2 Blüten weiß, in filzig behaarten Schirmrispen

3 Blätter 3-eckig, tief eingeschnitten, mit 3-eckigigen gezähnten Lappen

3er-Check

Merkmale: Sommergrüner, aufrechter, wenigstämmiger Strauch oder 5–20 m hoher, 1-stämmiger Baum mit dunkel graubrauner, kleinschuppiger Borke. Blätter 2,5–5 cm lang gestielt, mit 6–12 cm langer Spreite, unterseits graugrün. Blüten zwittrig, weiß, 10–15 mm breit. Früchte 10–18 mm lang.

Vorkommen: Auf steinigen, mild-humosen Ton- und Lehmböden. In Eichen-Hainbuchen-Wäldern, Wald- und Gebüschsäumen. Europa bis Nordanatolien, Kaukasus und Transkaukasien. Vom Flachland bis in Gebirgslagen von 900 m Höhe ansteigend.

Biologie: Die Elsbeere ist ein licht- und wärmebedürftiges Gehölz. Sie wächst vergesellschaftet mit Burgen-Ahorn, Hasel, Trauben- und Flaum-Eiche, Wolligem Schneeball und Mehlbeere. Die Blüten bieten ihren Besuchern Nektar und Pollen. Die Früchte bleiben oft noch lange nach der Reife am Baum. Werden sie nicht verzehrt, trocknet die Fruchtwand zu einer lederartigen Hülle ein und die Samen können nicht keimen. Vögel sind somit für die Verbreitung und die Keimung der Samen gleichermaßen wichtig. Die Elsbeere wird etwa 100 Jahre alt. Sie gehört zu den heimischen Gehölzen mit der intensiven orangeroten Herbstfärbung.

J	F	M	A	M	J	J	A	S	O	N	D

Efeu *Hedera helix*

1 Blätter der Kriechtriebe gelappt, netzartig geadert

2 Blüten in kugeligen Dolden, im Herbst erscheinend

3 Früchte blauschwarz, oben abgeflacht, mit bleibendem Griffel

3er-Check

Merkmale: Immergrüner, am Boden kriechender oder an Bäumen und Felswänden bis 20 m hoch aufsteigender Kletterstrauch. Blätter 1,5–10 cm lang gestielt, mit 4–10 cm langer Spreite; Blätter der Blütentriebe ungelappt, rautenförmig. Blüten zwittrig, gelbgrün, in 6–10 cm langen Dolden. Steinfrüchte 8–10 mm breit.

Vorkommen: Auf frischen, nährstoffreichen, feuchten Lehm- und Mullböden. Meist in Auen-, Buchen- und Eichenwäldern. Europa bis Westasien. In Mitteleuropa vor allem im Westen und Süden. In den Mittelgebirgen bis 800 m, in den Nordalpen bis 1200 m Höhe.

Biologie: Der Efeu ist der einzige heimische Wurzelkletterer. Während sich die Kriechtriebe, die ja auf der Unterseite schon Haftwurzeln ausbilden, leicht bewurzeln lassen, ist das bei den Blütenzweigen fast nicht möglich. Falls eine Bewurzelung doch gelingt, wachsen die Stecklinge zu kleinen, mehr oder weniger aufrechten Sträuchern, bilden jedoch nie wieder Kriechtriebe. Efeublüten werden von Fliegen, Wespen, Bienen und Schmetterlingen aufgesucht, die den reichlich gebildeten Nektar saugen. Die Früchte reifen erst im folgenden Jahr und werden durch Vögel verbreitet. Die Samen keimen leicht. Alle Teile des Efeus sind giftig!

J	F	M	A	M	J	J	A	S	O	N	D

Ribes alpinum **Alpen-Johannisbeere**

1 Blätter 1 cm lang gestielt, glänzend grün; Fruchtstände wenigfrüchtig

2 Blütenstand aufrecht, Blüten grünlichgelb

3 Beeren bis 5 mm groß, glänzend rot

3er-Check

Merkmale: Sommergrüner, reich verzweigter, 1–2 m hoher Strauch mit dünnen, kahlen Zweigen. Blätter mit 3- bis 5-lappiger, 2–4 cm langer Spreite. Blüten klein, in aufrechten Trauben, meist eingeschlechtig; Pflanzen vorwiegend zweihäusig, Kronblätter kürzer als der Kelch.

Vorkommen: Auf frischen, kalk-, basen- und nährstoffreichen, feuchten, lockeren, flach- bis tiefgründigen Stein- und Lehmböden. In Auenwäldern des Flachlandes. In den Gebirgen in lichten Buchen- und Linden-Mischwäldern, Eichen-Hainbuchen-Wäldern, an Waldsäumen und in den Hochstaudenfluren der subalpinen Stufe. In Mitteleuropa vom Flachland bis zu 1600 m Höhe in den Alpen ansteigend. Europa, Kaukasus, Nordafrika. Im Süden nur in Gebirgslagen.

Biologie: Die Blüten werden von Fliegen und Bienen bestäubt, die fade schmeckenden Früchte durch Vögel verbreitet. Den Erdboden aufliegende Zweige können bewurzeln; dadurch kommt es mitunter zu sehr breit wachsenden Sträuchern. In den Anlagen findet man vorwiegend männliche Exemplare, die kräftiger sind und aufrechter wachsen als weibliche Sträucher.

J	F	M	A	M	J	J	A	S	O	N	D

Schwarze Johannisbeere *Ribes nigrum*

2 **1**

3er-Check

1 Beeren in langen Trauben, unterschiedlich groß, schwarz

2 Blüten grünlich, zu 4–10 in seitenständigen Trauben

3 Blätter im Umriss 3-eckig, 3- bis 5-lappig

3

Merkmale: Sommergrüner, 1,5–2 m hoher Strauch. Junge Triebe grau bis rötlichbraun, mit kleinen, intensiv unangenehm riechenden Duftdrüsen besetzt. Blätter 1–3 cm lang gestielt, mit 5–10 cm langer Spreite. Blüten zwittrig, Kelchblätter länger als die Kronblätter. Früchte 8–10 mm groß.

Vorkommen: Auf nährstoffreichen, humosen, feuchten Lehm- und Tonböden; in Erlenbrüchen und Auenwäldern. Europa bis zur Mandschurei. In Mitteleuropa vor allem im Norden und Osten; in den Alpen bis 1900 m hoch ansteigend.

Biologie: Die Schwarze Johannisbeere ist in der heimischen Flora eher selten anzutreffen. Recht spät, erst im 16. Jahrhundert, wurde sie zur Kulturpflanze. Die Früchte sind reich an Vitamin C und Zitronensäure. Der Vitamin-C-Gehalt ist mit 177 mg auf 100 g Beeren 5-mal höher als bei der Roten Johannisbeere. Die Schwarze Johannisbeere ist Wirtspflanze eines Pilzes, des Säulenrostes. Seine Sporen bilden auf der Blattunterseite gelbe Pusteln. Dieser Pilz verursacht auf 5-nadeligen Kiefern den gefürchteten Blasenrost, der mittlerweile auch nach Nordamerika eingeschleppt wurde und sich verheerend bei der Weymouths Kiefer auswirkt.

| J | F | M | A | M | J | J | A | S | O | N | D |

RL R   *Ribes petraeum*   # Felsen-Johannisbeere

1 Blätter mit 3 größeren und 2 kleineren Lappen, im Umriss rundlich; Blüten in dichten Trauben

2 Beeren rot, in hängenden Trauben

2er-Check

Merkmale: Sommergrüner, mäßig verzweigter, 1–2 m hoher Strauch mit kahlen, graubraunen Zweigen. Blätter 2–6 cm lang gestielt, mit 7–12 cm langer Spreite. Blüten grünlich, oft rötlich getönt, zwittrig; Kronblätter nur halb so lang wie der Kelch; Fruchtknoten halbunterständig. Beeren sehr sauer schmeckend, 6–8 mm groß.

Vorkommen: Auf tief- bis mittelgründigen, frischen, nährstoffreichen Mull- und Lehmböden. In Linden-Ahorn- und Ahorn-Buchen-Wäldern, in lichten Nadelwäldern, auf Lichtungen und in hochmontanen Gebüschen, vergesellschaftet mit Alpen- und Schwarzer Heckenkirsche sowie Grün-Erle. Europa bis zum Amur; Kaukasus. In Europa in den Hochgebirgen von den Pyrenäen bis zu den Karpaten und dem Balkan; meist zwischen 800 und 2000 m Höhe.

Biologie: Die Früchte der Felsen-Johannisbeere sind essbar und wurden früher zur Herstellung von Säften und Konfitüren gesammelt. Wichtiger ist wohl, dass die Felsen-Johannisbeere ein Elter unserer roten Garten-Johannisbeere *(Ribes rubrum)* ist. Der andere Elter ist die Nordische Johannisbeere *(Ribes spicatum)*, die in Nordeuropa und Sibirien beheimatet ist. Die Garten-Johannisbeere ist seit Beginn des 15. Jahrhunderts bekannt.

J F M **A M** J **J** A S O N D

Stachelbeere *Ribes uva-crispa*

2 **1**

1 Beeren gelblich, gleich groß, elliptisch, behaart

2 Blüten zu 1–3 achselständig

3 Triebe mit festen Stacheln; Blätter rundlich, 3- bis 5-lappig

3er-Check

3

Merkmale: Sommergrüner, reich verzweigter, stark bewehrter, 0,6–1,5 m hoher Strauch mit bogig überhängenden, behaarten, graubraunen Zweigen. Stacheln einfach bis 3-teilig, Blätter 1,5–4 cm lang gestielt mit ebenso langer Spreite. Blüten grünlich, zwittrig; Kronblätter etwa halb so lang wie der Kelch. Beeren mit bleibendem Kelch.

Vorkommen: Auf nährstoff- und basenreichen, oft kalkhaltigen, humosen, lockeren und steinigen Lehm- und Sandböden. In Auen- und Schluchtwäldern, an Waldsäumen, in Gebüschen und Hecken sowie an Wegrändern. Europa bis Kaukasus; in Sibirien bis zur Mandschurei. In Mitteleuropa zerstreut, vom Tiefland bis in Gebirgslagen; in den Alpen bis 1100 m hoch aufsteigend.

Biologie: Die Stachelbeere ist eine sehr variable Art, von der mehrere Formen unterschieden werden können. Abweichungen betreffen vor allem die Früchte. Die Blüten duften angenehm und sondern reichlich Nektar ab. Blütenbesucher sind Schwebfliegen, Bienen, Hummeln und Blattwespen. Vögel verbreiten die Früchte. Die Stachelbeere wird in Mitteleuropa seit dem 16. Jahrhundert angebaut. Deutschland liegt an der Spitze der Erzeugerländer.

J	F	M	A	M	J	J	A	S	O	N	D

§   *Clematis alpina* **Alpen-Waldrebe**

1

2

3

1 Blüten nickend, hellblau bis violett;
Staubblätter kürzer als die Blütenhülle

2 Blätter doppelt 3-teilig gefiedert

3 Früchte stets einzeln; Früchtchen mit
fädigen, dicht behaarten Griffeln

3er-Check

Merkmale: Sommergrüne, 2–3 m hoch kletternde Rankenpflanze mit dunkelbrauner bis braunroter, sich längsstreifig lösender Rinde. Blätter 10–12 cm lang gestielt, mit bis 15 cm langer Spreite. Blüten 4 cm groß, 10 cm lang gestielt. Früchte aus zahlreichen, 3 cm langen Früchtchen zusammengesetzt.

Vorkommen: Auf steinigen und felsigen, wasserdurchlässigen, basenreichen, kalkhaltigen oder sauren Humusböden. In kraut- und strauchreichen, halbschattigen Nadelwäldern, im vollsonnigen Alpenrosen-Legföhren-Gebüsch und in strauchreichen Hochstaudenfluren. Europa. Alpen, Apenninen und Karpaten; in Höhen von 300–2400 m. Im Allgäu und den Bayerischen Alpen weit verbreitet.

Biologie: Die Blüten weisen eine 4-zählige Blütenhülle und zahlreiche Staubblätter auf. Zwischen Blütenhülle und Staubblättern befinden sich 10–12 sterile Staubblätter, die länger und breiter als die pollentragenden Staubblätter sind. Die sterilen Staubblätter, Staminodien genannt, bilden reichlich Nektar. Blütenbesucher sind Bienen und Hummeln. Die Früchte werden durch den Wind verbreitet, der die einzelnen Früchtchen ablöst.

| J | F | M | A | M | J | J | A | S | O | N | D |

Gemeine Waldrebe *Clematis vitalba*

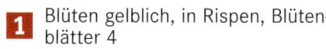

1 Blüten gelblich, in Rispen, Blütenblätter 4

2 Rankenpflanze mit Fiederblättern,
die 5 Fiedern lang gestielt

3 Früchte in Rispen; Früchtchen mit
silbrig behaartem (Griffel-)Fortsatz

3er-Check

Merkmale: Sommergrüner, bis 30 m hoch kletternde Liane mit
graubrauner Borke, die sich in langen Streifen löst. Blätter 4–6 cm
lang gestielt, mit 3–5 cm langen Fiedern. Blüten zwittrig mit zahlreichen, spreizenden Staubblättern. Früchtchen 2–3 cm lang.

Vorkommen: Auf nährstoff- und basenreichen, oft kalkhaltigen,
feuchten oder wechselfeuchten Lehm- und Auenböden. Auenwälder, Waldränder, halbschattige Hänge, Laubmischwälder. Europa
bis Kaukasus. In Mitteleuropa weit verbreitet vom Tiefland bis zu
1500 m Höhe in den Alpen.

Biologie: Die Blüten der Gemeinen Waldrebe haben nur pollenbil-
dende Staubblätter, sie bilden keinen Nektar. Blütenbesucher sind
Bienen und Fliegen, die von einem intensiven Duft (Trimethylamin) angelockt werden. Die Früchte bleiben den Winter über an
der Pflanze. Der Wind löst sie erst im Frühjahr ab und verbreitet
sie. Die Waldrebe ist eine Liane, die mit Ranken klettert. Blattstiel,
Blattspindel und die Fiederstiele vermögen Krümmungsbewegun-
gen auszuführen. Im Herbst fallen nur die Fiedern ab, die verholz-
ten Ranken bleiben erhalten. Die Waldrebe kann bei üppigem
Wuchs Bäume und Sträucher völlig überwachsen.

J	F	M	A	M	J	J	A	S	O	N	D

Acer negundo **Eschen-Ahorn**

1 Blätter mit 5 oder 3 grob gesägten Fiedern

2 Blüten hängend, vor den Blättern erscheinend

3 Früchte geflügelt, in hängenden Ständen, bis zum Frühjahr bleibend

3er-Check

Merkmale: Sommergrüner, breitkroniger, 15–20 m hoher Baum mit kahlen, bereiften Trieben und graubrauner, längsrissiger Borke. Blätter mit 5–10 cm langen Fiedern. Blüten eingeschlechtig; Bäume zweihäusig. Früchte 3–3,5 cm lang.

Vorkommen: Auf tiefgründigen, nährstoffreichen bis nährstoffarmen, feuchten, durchlässigen Auen-, Lehm- und Sandböden. In Auenwäldern und gewässerbegleitend an Flüssen und Seen; vergesellschaftet mit Weiden, Pappeln, Silber-Ahorn. Nordamerika. Von Alberta und Manitoba bis Texas und Florida.

Biologie: Der Eschen-Ahorn wurde 1688 nach Europa eingeführt. In Mitteleuropa ist er winterhart und wird oft als Parkbaum angepflanzt. Er ist sehr raschwüchsig und blüht bereits nach wenigen Jahren. Die Früchte werden vom Wind verbreitet. In vielen Teilen Deutschlands ist der Eschen-Ahorn verwildert. Vor allem an feuchten Standorten vermag er sich stark auszubreiten und kann die heimische Vegetation verdrängen. Obwohl windblütig, werden die Blüten von Bienen aufgesucht, die hier Pollen sammeln. Vom Eschen-Ahorn gibt es mehrere Gartenformen. Häufig angepflanzt ist eine panaschierte Form mit grün-weiß marmorierten Blättern.

J	F	M	A	M	J	J	A	S	O	N	D

Rote Rosskastanie *Aesculus x carnea*

2 **1**

3

1	Blüten fleischrosa bis rot, in 10–20 cm langen, aufrechten Ständen
2	Blätter handförmig gefiedert; Fiedern in der Mitte am breitesten
3	Früchte 3–4 cm dick, kaum bestachelt

3er-Check

Merkmale: Sommergrüner, breitkroniger, 15–20 m hoher Baum mit rotbrauner bis grauschwarzer, sich in Schuppen ablösender Borke. Winterknospen nur schwach klebrig. Blätter aus 5, 10–20 cm langen Fiedern zusammengesetzt. Blüten zwittrig oder männlich, mit 4–5 Kronblättern. Früchte nur selten ausgebildet.

Vorkommen: Auf nährstoffreichen und feuchten Lehmböden. Häufig als Straßen- oder Alleebaum sowie in Parks angepflanzt.

Biologie: Die Rote Rosskastanie ist ein Bastard. Eltern sind die weißblütige Gemeine Rosskastanie und die nordamerikanische, rot blühende Pavie *(Aesculus pavia)*. Die Pavie ist ein Großstrauch oder kleiner Baum von 6–8 m Höhe. Sie wird in Mitteleuropa nur selten angepflanzt. Beheimatet ist die Pavie im östlichen Nordamerika von Virginia bis Florida, Missouri und Oklahoma. Die Rote Rosskastanie wird hochstämmig auf die Gemeine Rosskastanie veredelt. Die Samen sind keimfähig. Entstanden ist der Bastard zu Beginn des 19. Jahrhunderts. Während die Gemeine Rosskastanie seit ein paar Jahren von einer Miniermotte befallen wird und ihre Blätter vorzeitig vergilben, bleibt die Rote Rosskastanie von diesem Schädling verschont.

J	F	M	A	M	J	J	A	S	O	N	D

Aesculus hippocastanum **Gemeine Rosskastanie**

1 Blüten weiß, in 20–30 cm langen aufrechten Ständen

2 Blätter mit 5–7 Fiedern; Fiedern zur Spitze hin am breitesten

3 Früchte grün, 5–6 cm dick, bestachelt

3er-Check

Merkmale: Sommergrüner, breitkroniger, bis 25 m hoher Baum mit überhängenden Zweigen und graubrauner Schuppenborke. Blätter 10–20 cm lang gestielt, mit ebenso langen Fiedern. Blüten zwittrig oder männlich, 2 cm groß. Früchte mit 1–3 glänzenden Samen; diese mit großem, hellem Samennabel.

Vorkommen: Auf nährstoffreichen, tiefgründigen, feuchten Auen-, Sand- und Lehmböden. Nördliche Balkan-Halbinsel. Albanien, Mazedonien, Ostbulgarien und Nordgriechenland. In Bulgarien in Höhen von 380–500 m; in Nordgriechenland meist in Höhen von 1000–1300 m.

Biologie: Die Gemeine Rosskastanie gelangte erst am Ende des 16. Jahrhunderts wieder nach Mitteleuropa, nachdem sie während der Eiszeit nach Südosteuropa verdrängt wurde. Die ersten Samen kamen 1576 aus Konstantinopel nach Wien. Das natürliche Verbreitungsgebiet war unbekannt. Erst 1879 entdeckte man die Rosskastanie am natürlichen Standort in Nordgriechenland, 1907 in Bulgarien. Längst hat sich die Rosskastanie in Mitteleuropa eingebürgert. Die Blüten besitzen ein Saftmal, das sich von gelb nach ziegelrot verfärbt. Bienen und Hummeln sind Blütenbesucher.

J	F	M	A	M	J	J	A	S	O	N	D

Gemeine Esche *Fraxinus excelsior*

1 Früchte geflügelt, an vorjährigen Zweigabschnitten

2 Fiedern 5–13, nur die Endfieder lang gestielt

3 Knospen schwarz

3er-Check

Merkmale: Sommergrüner, langschäftiger, 25–40 m hoher Baum mit grauer, breit gerippter Borke. Blätter 20–35 cm lang. Blüten unscheinbar, zwittrig oder eingeschlechtig, in seitenständigen Rispen (siehe Foto S. 227). Früchte 2–3,5 cm lang, 4–6 mm breit.

Vorkommen: Auf lockeren, nährstoffreichen, tiefgründigen, basenreichen, feuchten Ton- und Lehmböden. Europa bis Nordanatolien, Kaukasus und Nordiran. In Mitteleuropa weit verbreitet; vom Flachland über die Mittelgebirge bis 700 m, den Schwarzwald bis 1230 m bis zu 1400 m in den Alpen.

Biologie: Die Esche bildet meist keine Reinbestände, sondern ist Bestandteil der Auen-, Laubmisch- und Schluchtwälder. Die Gemeine Esche ist windblütig. Pollen wird jedoch auch von Bienen gesammelt. Die reifen Früchte bleiben oft bis zum Frühjahr hängen. Reiche Fruchtbildung erfolgt meist im 2-jährigen Rhythmus. Die Gemeine Esche wird 200 Jahre alt und kann Stämme von 1 m Dicke bilden. Das Holz ist als Möbelholz begehrt. Die Gemeine Esche ist einer der höchsten Bäume in der heimischen Flora. Viele Bäume werden von Gallmilben befallen. Die Fruchtbildung unterbleibt dann und es werden stattdessen verholzte Gallen gebildet.

J	F	M	A	M	J	J	A	S	O	N	D

Fraxinus ornus **Manna-Esche**

1 Fiedern 7–9, mehr oder weniger lang gestielt; Blüten weiß, in Rispen

2 Früchte geflügelt, endständig

3 Knospen graubraun

3er-Check

Merkmale: Sommergrüner, 10–15 m hoher, oft mehrstämmiger Baum mit grauer bis schwarzgrauer Borke. Blätter 15–25 cm lang. Blüten zwittrig, mit den Blättern erscheinend, stark duftend, mit 4, 7–15 mm langen Kronblättern. Früchte 3–4 cm lang, 7–10 mm breit.

Vorkommen: Auf wechselfeuchten bis trockenen, kalk- oder basenreichen Lehm- und Steinböden. Europa, Kleinasien bis Syrien; verbreitungsgebiet inselartig zergliedert. Verbreitet in der Hügelstufe; in Südtirol bis 1500 m hoch. In Mitteleuropa nur angepflanzt; im Oberrheingebiet auch eingebürgert.

Biologie: Die Manna-Esche spielt in der Zusammensetzung der Waldgesellschaften Südosteuropas eine wichtige Rolle. Sie ist Charakterart im Manna-Eschen-/Kermes-Eichen-Wald und im Orient-Hainbuchen-Wald. Die Manna-Esche gehört zu den so genannten Blumeneschen, bei denen, im Unterschied zur Gemeinen Esche, die Blüten mit Kronblättern versehen sind. Zur Gewinnung von Manna, einem süß schmeckenden Inhaltsstoff der Mannit und Zucker enthält, wurde die Art früher in Süditalien und Nordsizilien angepflanzt.

| J | F | M | A | M | J | J | A | S | O | N | D |

Pimpernuss *Staphylea pinnata* RL 3

1 Blätter mit 5–7 fein gesägten Fiedern

2 Blüten weiß, in hängenden, lockeren und schmalen Rispen

3 Frucht blasig, mit 2–3 kurzen Zipfeln

3er-Check

Merkmale: Sommergrüner, aufrechter, schwach verzweigter, 2–5 m hoher Strauch mit grauer, netzartig gemusterter Rinde. Junge Zweige kahl. Blätter bis 25 cm lang, mit bis zu 10 cm langen Fiedern.

Vorkommen: Auf sommerwarmen, kalkreichen, nährstoffreichen steinigen Lehm- und Lössböden. Vorwiegend in der Hügel- und Berglandstufe. Mitteleuropa, Alpenraum, Südosteuropa, Kleinasien, Kaukasus. In Mitteleuropa südlich des Mains, bis zu 600 m hoch vorkommend; in Deutschland nur selten anzutreffen.

Biologie: In Gärten und Parkanalgen wird die Pimpernuss wegen der ansehnlichen Blüten und Früchte häufig angepflanzt. Mitunter ist sie verwildert. Die Blüten, die reichlich Nektar bilden, werden von Bienen und Fliegen aufgesucht, doch herrscht Selbstbestäubung vor. Die Früchte bleiben lange an den Zweigen hängen und öffnen sich nur wenig. Die Samen lösen sich zur Reife und fallen in die Fruchthöhle. Bei Windbewegung entsteht dann ein klapperndes Geräusch. Die Samen keimen häufig erst im 2. Jahr. Jungpflanzen wachsen schnell und gelangen schon nach wenigen Jahren zur Blühreife.

J	F	M	A	M	J	J	A	S	O	N	D

Sambucus nigra **Schwarzer Holunder**

1 Breitkroniger Strauch mit weißen Schirmrispen

2 Blätter lang gestielt, mit 7 kurz zugespitzten Fiedern

3 Früchte schwarz glänzend

3er-Check

Merkmale: Sommergrüner, reich verzweigter, 5–7 m hoher Strauch oder bis 10 m hoher, breit ausladender Baum mit überhängenden Zweigen und längsrissiger, graubrauner Borke. Schösslinge mit dickem, weißem Mark. Blätter 10–30 cm lang. Blüten zwittrig, 5-zählig, in dichten, reichblütigen Ständen, 7–9 mm breit. Steinfrüchte 5–6 mm groß, mit 3 Steinkernen.

Vorkommen: Auf frischen, nährstoffreichen, humosen, tiefgründigen Ton- und Lehmböden. In feuchten Wäldern und an Waldrändern; häufig in Siedlungsnähe. Europa, Kleinasien, Kaukasus. Vorwiegend in der Ebene und in mittleren Gebirgslagen.

Biologie: Der Schwarze Holunder ist ein Licht- oder Halbschattengehölz und gilt als Stickstoffzeiger. In den letzten Jahrzehnten hat er sich infolge Stickstoffanreicherung durch den »sauren Regen« stark ausgebreitet. Die Knospen beginnen sich schon zeitig im Jahr zu entfalten. Die stark duftenden Blüten, die viel Pollen und wenig Nektar bilden, werden vor allem von verschiedenen Fliegen, aber auch Bienen aufgesucht. Die saftreichen Früchte werden vorwiegend von Amseln, Drosseln, Staren und Mönchsgrasmücken verzehrt. Sie enthalten viel Kalium und Vitamin C.

J	F	M	A	M	J	J	A	S	O	N	D

Trauben-Holunder *Sambucus racemosa*

2er-Check

1 Früchte rot glänzend; Blätter mit 5 lang zugespitzten Fiedern

2 Blüten in rundlichen Rispen, grünlichgelb

Merkmale: Sommergrüner, schwach verzweigter, 1,5–4 m hoher Strauch mit graubraunen Zweigen; Rinde mit zahlreichen Korkwarzen. Mark der Zweige gelbbraun. Blätter 10–25 cm lang, im Austrieb rötlich. Am Grunde des Blattstiels 1 bis mehrere Nektardrüsen. Blüten zwittrig, 5-zählig. Steinfrüchte 4–5 mm groß.

Vorkommen: Auf nährstoffreichen, frischen, meist kalkarmen, mittelgründigen, steinigen Lehmböden. Verbreitet in der Hügel- und Bergstufe. Europa bis Westasien. Im Norddeutschen Tiefland nicht ursprünglich, aber häufig angepflanzt und eingebürgert. In den Alpen bis 2350 m hoch aufsteigend.

Biologie: Der Trauben-Holunder ist ein Halbschatten- oder Lichtgehölz und ein Stickstoffzeiger. Die Pflanzen sind schnellwüchsig, aber nur kurzlebig. Die Blüten, die mit dem Laub erscheinen, werden von Käfern, Fliegen und Hautflüglern bestäubt. Nektar wird wenig, Pollen reichlich gebildet. Die Nektardrüsen an den Blättern sondern vor und während der Blütezeit Nektar ab und werden von Ameisen aufgesucht. Die Früchte werden von vielen Vögeln, darunter Rotkehlchen und Hausrotschwanz, verzehrt. Das Fruchtfleisch ist genießbar, die Steinkerne sind jedoch giftig.

J	F	M	A	M	J	J	A	S	O	N	D

Juglans nigra **Schwarznuss**

1 Blätter mit 11–23 Fiedern; Fiedern gesägt, lang zugespitzt

2 Früchte kugelförmig, nicht aufplatzend

2er-Check

Merkmale: Sommergrüner, bis 50 m hoher Baum mit breiter Krone und dunkler, tief gefurchter Rippenborke. Blätter 30–60 cm lang. Blüten in eingeschlechtigen Ständen; Bäume einhäusig. Männliche Kätzchen erblüht 5–12 cm lang, schlaff hängend; weibliche Blüten zu 2–5 an der Spitze von Jungtrieben. Früchte 4–6 cm groß.

Vorkommen: Auf nährstoffreichen, gut drainierten, tiefgründigen, sandigen Auen- und Lehmböden. Östliches Nordamerika von Massachusetts bis Nord-Florida; westlich bis Minnesota und Texas.

Biologie: Nach Europa gelangte die Schwarznuss im 17. Jahrhundert. Sie ist in Mitteleuropa winterhart und kann sich im Freistand zu großen Bäumen mit weit ausladender Krone und mächtigen Ästen entwickeln. Die Bäume blühen und fruchten in jedem Jahr reich. Die Blüten werden durch den Wind bestäubt. Für die Verbreitung in Mitteleuropa sorgen vor allem Eichhörnchen, denen es auch gelingt, den sehr harten Steinkern aufzunagen. Für den Menschen ist die Schwarznuss ungenießbar. Die von den Eichhörnchen nicht gefressenen, im Erdboden eingegrabenen Früchte keimen sehr gut. Im Unterschied zur Walnuss löst sich die äußere, sich später schwarz färbende Fruchtwand nicht vom Steinkern.

J	F	M	A	M	J	J	A	S	O	N	D

Echter Walnussbaum *Juglans regia*

1 Fiedern 5–7, gerundet, ganzrandig

2 Männliche Blüten unterhalb des rotbraunen Laubaustriebes

3 Früchte zu 2–3 endständig, rundlich-oval, grün

3er-Check

Merkmale: Sommergrüner, breitkroniger, 10–25 m hoher Baum mit graubrauner bis schwarzgrauer, längsrissiger Borke. Blätter 20–50 cm lang. Blüten in eingeschlechtigen Ständen; Bäume einhäusig. Erblühte männliche Kätzchen bis 15 cm lang, schlaff hängend. Weibliche Blüten zu 2–5 am Ende von Jungtrieben. Früchte 4–5 cm lang; äußere Fruchtwand sich vom Steinkern lösend.

Vorkommen: Auf tiefgründigen, nährstoffreichen, feuchten bis wechselfeuchten, basischen Lehm- und Auenböden. Balkan-Halbinsel bis Südwestasien und Iran. In Mitteleuropa wohl nur verwildert oder eingebürgert; vor allem im Flach- und Hügelland.

Biologie: Wie bei vielen sehr alten Kulturpflanzen ist das natürliche Verbreitungsgebiet heute nur noch schlecht feststellbar. Angepflanzt wird die Walnuss vor allem in milden Lagen, in denen keine Spätfröste auftreten und die Blüten nicht erfrieren. Die Blüten werden vom Wind bestäubt, die Früchte von Vögeln, wie Hähern und Krähen, sowie Säugetieren, namentlich Eichhörnchen und Siebenschläfern, verbreitet. Hauptproduzenten von Walnüssen sind die USA und China. Walnussbäume werden bis 600 Jahre alt; ihre Stämme können einen Durchmesser von 2 m erreichen.

J	F	M	A	M	J	J	A	S	O	N	D

Rosa arvensis **Feld-Rose**

1 Blüten weiß, meist einzeln; Blätter kahl, mit 5–7 Fiedern

2 Blüten mit Griffelfortsatz

3 Hagebutten ohne Kelchblätter, rot; Griffelfortsatz erhalten bleibend

3er-Check

Merkmale: Sommergrüner, mit Stacheln bewehrter, kaum meterhoher Strauch mit bogig überhängenden und mehrere Meter weit kletternden Zweigen. Triebe lange grün bleibend. Blätter mit 1,5–3 cm langen Fiedern. Blüten zwittrig, 5-zählig. Hagebutten 10–13 mm lang, mit bleibender Griffelsäule.

Vorkommen: Auf nährstoffreichen, neutralen bis mäßig sauren, steinigen und flachgründigen, nicht austrocknenden Lehm- und Tonböden. Zerstreut in lückigen, sommerwarmen Eichen-Hainbuchen-Wäldern, an Wald- und Wegrändern. West-, Süd- und Südosteuropa bis Westasien. Vor allem im Rhein-, Main- und Donaugebiet. In den Alpen bis 1300 m hoch ansteigend.

Biologie: Die Feld-Rose ist eine wärmeliebende Art, die nicht an vollsonnigen Standorten, sondern im Halbschatten gedeiht und auch keine aufrechten Büsche bildet. Mit ihren Wurzelsprossen vermag sie sich örtlich stark auszubreiten. An zu schattigen Standorten verliert sie ihr Blühvermögen, kann sich aber noch lange halten. Sie ist die am spätesten blühende heimische Rose. Ihre Blüten werden von Bienen bestäubt, die Früchte bleiben sehr lange an den Zweigen. Sie werden durch Tiere verbreitet.

J	F	M	A	M	J	J	A	S	O	N	D

Hunds-Rose *Rosa canina*

1 Blüten blassrosa, Blütenblätter ausgerandet

2 Fiederblätter kahl, mit 5–7 Fiedern

3 Hagebutten rot, kahl, ohne Kelch

3er-Check

Merkmale: Sommergrüner, stark mit Stacheln bewehrter Strauch. Im Freistand 1–3 m hohe, dichte Büsche bildend. An Wald- und Gebüschrändern mit langen Zweigen im Astwerk benachbarter Gehölze klimmend und aufsteigend. Blätter 8–12 cm, die einzelnen Fiedern 3–4 cm lang. Blüten einzeln oder doldenrispig, 4–5 cm breit. Hagebutten eiförmig, 2–2,5 cm lang.

Vorkommen: Auf sommerwarmen, mäßig trockenen, basenreichen bis schwach sauren, oft tiefgründigen Lehmböden. An Wald- und Wegrändern, Böschungen, Waldlichtungen. Europa, nördlich bis Südskandinavien; Westasien und Nordafrika. Von der Ebene bis 1500 m Höhe in den Alpen ansteigend.

Biologie: Die Hunds-Rose, eine Licht- bis Halbschattenpflanze, ist eine der häufigsten heimischen Rosen. Die Blüten, die viel Pollen bilden, werden von Bienen und Käfern besucht. Die Fruchtverbreitung erfolgt durch Vögel, welche die Hagebutten als Ganzes verzehren, unter anderem Elstern, Krähen, Dohlen, Seidenschwänze, und Säugetiere. Kleinere Vögel fressen nur das später weich werdende Hagebuttenfleisch, sodass es zu keiner Verbreitung der Nüsschen kommt.

J	F	M	A	M	J	J	A	S	O	N	D

Rosa pimpinellifolia **Bibernell-Rose**

1 2

3er-Check

1 Blätter mit 7–11 Fiedern; Blüten weiß

2 Stacheln gerade, dicht stehend, ungleich groß

3 Hagebutten schwarz, mit bleibendem Kelch

Merkmale: Sommergrüner, aufrechter, 0,25–2,5 m hoher Strauch. Triebe dicht mit Stacheln und kleinen Stachelborsten bewehrt. Blätter 6–8 cm lang, mit 10–20 mm langen Fiedern; Blattstiel und -spindel drüsenborstig. Blüten zwittrig, 3–4 cm breit. Hagebutte abgeflacht-urnenförmig, 12–16 mm groß.

Vorkommen: Auf sommerwarmen, flachgründigen, steinigen Lehm- und Sandböden oder in feinerdearmen Steingeröll; zerstreut aber gesellig. An der Küste in Dünensanden; im Binnenland im Saum wärmeliebender Gebüsche, an Waldrändern, auf Trockenhängen und im Kalkmagerrasen. West-, Mittel- und Südeuropa; über Südosteuropa zur Krim, nach Kaukasien und zum Altai-Gebirge. In Deutschland vor allem im Mittelrhein-, Nahe- und Maingegiet sowie im Jura. In den Mittelgebirgen bis 900 m hoch ansteigend.

Biologie: Die Bibernell-Rose ist ein sehr lichtbedürftiges Gehölz, das an seine Standorte keine großen Ansprüche stellt. Die Blüten-besucher, vor allem Bienen, werden mit Pollen beköstigt. Die Früchte bleiben sehr lange an den Zweigen. Durch die unterirdischen Ausläufer kann die Bibernell-Rose weit reichende Bestände bilden.

J	F	M	A	M	J	J	A	S	O	N	D

Wein-Rose *Rosa rubiginosa*

2 **1**

1 Hagebutten rot, am Grunde mit Borsten und Drüsen; Kelch bleibend

2 Fiederblätter drüsig behaart, nach Apfel duftend; Fiedern doppelt gesägt

3 Blüten tief- bis blassrosa

3er-Check

3

Merkmale: Sommergrüner, dicht verzweigter, mit hakig gekrümmten Stacheln bewehrter Strauch von 1–3 m Höhe. Blätter 8–10 cm lang, die eiförmigen Fiedern 2–3 cm lang. Blüten zu 1–8 am Ende von Kurztrieben, 3–5 cm breit. Hagebutten eiförmig, 15–20 mm groß.

Vorkommen: Auf meist kalkhaltigen, mittel- bis tiefgründigen, sommerwarmen, steinig-sandigen Lehm- und Tonböden; fehlt auf sauren Böden. An Wald- und Gebüschsäumen, auf Böschungen, Felshängen und in Magerweiden. Europa bis Westasien und zum Kaukasus. In Mitteleuropa vor allem im mittleren und südlichen Teil, nördlich der Donau. Vom Tiefland bis in Gebirgslagen; in den Alpen bis 1200 m hoch ansteigend.

Biologie: Die Blüten der Wein-Rose bilden reichlich Pollen, aber auch Nektar und werden von Käfern und Bienen besucht. Die Früchte, oft noch bis zum Frühwinter an den Zweigen hängend, verbreiten Säugetiere und Vögel. Ähnlich der Hunds-Rose ist die Wein-Rose ein typisches Pioniergehölz, das aufgelassene Weinberge, Wiesen und Felder, aber auch Kalkmagerrasen besiedelt. Sie wächst vergesellschaftet mit Schlehe und Weichsel-Kirsche.

J	F	M	A	M	J	J	A	S	O	N	D

Rosa rugosa **Kartoffel-Rose**

1 Blüten sehr groß, bis 9 cm breit, rosa, tiefrosa oder purpurn, selten weiß

2 Fiedern der Blätter runzelig, oberseits glänzend

3 Hagebutten abgeflacht-rundlich, rot; Kelch bleibend

3er-Check

Merkmale: Sommergrüner, dicht mit ungleich langen Stacheln bewehrter, 1–2 m hoher, wenig verzweigter Strauch. Blätter 10–15 cm lang; Fiedern eiförmig, 2,5–5 cm lang. Blüten zwittrig, duftend, mit 2–4 cm langen, am Ende verbreiterten Kelchblättern. Hagebutten 2–3 cm groß, glatt.

Vorkommen: An sandigen Küsten. Japan, auf den Inseln Hokkaido und Honshu; Kurilen, Kamtschatka, Sachalin, Korea.

Biologie: Die Kartoffel-Rose wurde Ende des 18. Jahrhunderts nach England eingeführt, war aber noch in der ersten Hälfte des 19. Jahrhunderts nicht weit verbreitet. Mitte des 19. Jahrhunderts gelangte sie auch nach Nordamerika. Sie ist nicht nur eine beliebte Gartenrose, sondern wird auch zur Böschungsbegrünung im Binnenland und an den Küsten zur Dünenbefestigung angepflanzt. Sie wird nicht nur über Samen vermehrt, sondern vermag durch Ausläufer dichte Bestände zu bilden. Die Kartoffel-Rose ist in China seit vielen hundert Jahren eine wichtige Kulturpflanze und Stammpflanze für zahlreiche Züchtungen. Die Blüten werden von Bienen und Käfern aufgesucht. Die zur Reife weichen Hagebutten können zu Marmelade verarbeitet werden.

J	F	M	A	M	J	J	A	S	O	N	D

Blätter gefiedert; wechselständig

Kratzbeere *Rubus caesius*

1 Früchte schwarz, blau bereift

2 Blätter mit 3 Fiedern

2er-Check

Merkmale: Sommergrüner, 30–80 cm hoher Strauch mit bogig überhängenden, bläulich bereiften Zweigen und 2–5 mm langen geraden oder gebogenen Stacheln. Blätter 3–5 cm lang gestielt, mit eiförmigen, bis 7 cm langen Fiedern, oberseits mattgrün. Blüten zwittrig, 5-zählig, weiß, 1,5–3 cm groß. Früchte mit bleibendem Kelch; Früchtchen saftreich, meist nicht gleichzeitig reifend.

Vorkommen: Auf nährstoff- und basenreichen, feuchten oder wechselfeuchten Lehm-, Ton- und Auenböden. In lichten Auenwäldern, Weidengebüschen, Legesteinhaufen und feuchten Äckern. Europa bis zum Kaukasus und Iran. In Mitteleuropa allgemein verbreitet; von der Küste bis zu den Alpen in Höhen von 1000 m; vorwiegend jedoch in tieferen Lagen.

Biologie: Die Kratzbeere ist eine Licht- bis Halbschattenpflanze mit tiefst reichendem Wurzelwerk. Mit Hilfe ihrer unterirdischen Sprosse vermag sie sich auch im Kulturgelände gut zu behaupten, da selbst kleinste Teile zu neuen Pflanzen auswachsen können. Die dem Erdboden aufliegenden Triebspitzen bewurzeln und bilden neue Tochterpflanzen. Die Blüten führen Nektar und Pollen. Die Früchte werden von Vögeln, aber auch Säugetieren verbreitet.

J	F	M	A	M	J	J	A	S	O	N	D

Rubus fruticosus **Brombeere**

1 Früchte schwarz glänzend

2 Blätter fingerförmig gefiedert; 5 Fiedern

3 Blüten in großen Rispen, weiß, oft rosa überhaucht

3er-Check

Merkmale: Sommergrüner oder halbimmergrüner, stark bewehrter, robuster Strauch mit langen, bogig überhängenden, runden oder 5-kantigen, 0,2–2 m langen Zweigen. Blätter 5–12 cm lang gestielt, mit 5–10 cm langen, meist bewehrten Fiedern. Blüten zwittrig, 5-zählig, 1,5–3 cm breit. Früchte sich mit der Blütenachse lösend.

Vorkommen: Auf nährstoff- und meist basenreichen, kalkhaltigen bis mäßig sauren, steinigen Lehm- und Tonböden. In Wäldern, an Wald- und Gebüschsäumen und in Hecken. Europa. In Mitteleuropa vom Tiefland bis in Gebirgslagen der Alpen um 1700 m.

Biologie: »Die« Brombeere ist eine in sehr viele Kleinarten zu gliedernde, äußerst vielgestaltige Sippe mit sehr unterschiedlichen Ausprägungen in Spross-, Blatt-, Blüten- und Fruchtmerkmalen. Es gibt in Deutschland nur wenige »Batologen«, Botaniker, die sich mit den Brombeeren näher befassen und sie sicher ansprechen können. Die Schwierigkeit besteht darin, dass man Blatt-, Blüten- und Fruchtmerkmale zum Erkennen heranziehen muss. Die Blüten der Brombeere werden von Bienen und Hummeln bestäubt. Die Jungtriebe bleiben im 1. Jahr unverzweigt. Sie blühen und fruchten im folgenden Jahr und sterben dann ab.

J	F	M	A	M	J	J	A	S	O	N	D

Himbeere *Rubus idaeus*

2 1

1 Aufrechter Strauch mit kurzen Stacheln; Früchte rot

2 Blätter mit 3–5 Fiedern, unterseits weißfilzig

3 Blüten nickend; Kelch außen grün, innen wie die Kronblätter weiß

3er-Check

3

Merkmale: Sommergrüner, 1–2 m hoher Strauch mit Wurzelsprossen. Daraus hervorgehende, aufrechte Triebe unverzweigt, mit kurzen Stacheln und brauner Rinde. Blätter 3–8 cm lang gestielt; Fiedern eiförmig, bis 10 cm lang. Blüten zwittrig; Kronblätter weiß, kürzer als der Kelch. Früchte rot; Früchtchen einer verdickten Blütenachse ansitzend, von der sie sich beim Pflücken leicht ablösen.

Vorkommen: Auf nährstoffreichen, lockeren, feuchten, aber nicht zu nassen Mull- und Lehmböden. Europa, gemäßigtes Asien. In Mitteleuropa vom Tiefland bis zu Höhen von 1850 m in den Alpen.

Biologie: Die Blüten der Himbeere sondern reichlich Nektar ab, der vor allem von Bienen ausgebeutet wird, die aber auch Pollen sammeln. Auch Selbstbestäubung ist möglich. Die Früchte werden von Vögeln und Säugetieren verbreitet. Anders als bei Brombeeren, lösen sich die durch Haare miteinander verbundenen Früchtchen von der Blütenachse ab, die an der Pflanze verbleibt. Die Triebe der Himbeere sterben nach der Fruchtreife ab; neue, noch unverzweigte Rutensprosse wachsen heran. Himbeeren enthalten Zitronensäure, Apfelsäure, Kalium und Vitamin C. Die Maden der Himbeeren sind Larven des Himbeerkäfers.

J	F	M	A	M	J	J	A	S	O	N	D

Sorbus aucuparia **Eberesche**

3er-Check

1 Fiedern 11–15, spitz bis stumpf gesägt; Früchte korallenrot

2 Blüten weiß, in dichten, gewölbten Schirmrispen

3 Rinde glatt, später längsrissig schwarzgrau

Merkmale: Sommergrüner, mehrstämmiger, wenig verzweigter Strauch oder 5–10 m hoher, locker verzweigter Baum mit ovaler oder runder Krone. Rinde lange glatt bleibend; Borke längsrissig, schwarzgrau. Blätter gefiedert, 12–18 cm lang. Blüten zwittrig, 5-zählig, 8–10 mm breit. Früchte 8–10 mm groß.

Vorkommen: Auf sauren bis kalkhaltigen, mäßig nährstoffreichen, feuchten bis wechselfeuchten Steinböden. In lichten Laub- und Nadelwäldern, auf Lichtungen und Kahlschlägen, auf Weiden und an Wiesenrainen; in den Mittelgebirgen oft die Wald- und Baumgrenze bildend. Europa, Kaukasus. In Mitteleuropa vom Norddeutschen Tiefland bis zu den Alpen; dort 2000 m hoch ansteigend; Hauptverbreitung in den Mittelgebirgen.

Biologie: Die Eberesche ist eine Licht- oder Halbschattenpflanze und ein ausgesprochenes Pioniergehölz, das sich auf Kahlschlägen oder unbewirtschafteten Wiesen und Weiden schnell ansiedelt. Die Blüten bieten den Bestäubern, Bienen und Fliegen, Nektar und Pollen. Drosseln, Stare und Seidenschwänze, aber auch Säugetiere fressen und verbreiten die Früchte. Ebereschen werden nur 80–100 Jahre alt.

| J | F | M | A | M | J | J | A | S | O | N | D |

Speierling *Sorbus domestica*

1 Fiedern 13–19, lang gezähnt; Früchte grünlichgelb, rotbackig, 2–2,5 cm groß

2 Blüten weiß, in 6–10 cm breiten, kegelförmigen Rispen

3 Baum mit kleinschuppiger, grauer Borke

3er-Check

Merkmale: Sommergrüner, 10–20 m hoher Baum mit anfangs pyramidaler, später breiter Krone. Blätter bis 20 cm, Fiedern 3,5–6 cm lang. Blüten zwittrig, 5-zählig, 10–15 mm breit.

Vorkommen: Auf nährstoff- und basenreichen Lehm- und Tonböden. In sommerwarmen Eichen-Hainbuchen-Wäldern und Flaum-Eichen-Wäldern. Von Ostspanien, Frankreich, Italien über Südosteuropa, die Balkan-Halbinsel und Krim nach Nordanatolien. In Deutschland nur im mittleren, westlichen und südlichen Teil. Selten bodenständig.

Biologie: Der Speierling ist vor allem im Mittelmeergebiet schon lange in Kultur. Theophrast unterscheidet schon süß schmeckende und wohlriechende von weniger gut duftenden und sauren Früchten. Anders als bei heimischen Arten, fallen die reifen, duftenden Früchte zu Boden und werden hier vor allem von Säugetieren gefressen, die auch die Samen verbreiten. Speierlinge blühen mit 15–20 Jahren und können 150 Jahre alt werden. Die Früchte werden, besonders im Frankfurter Raum, dem Apfelwein als Geschmacksbereicherung zugesetzt. Man mischt dem Apfelmost etwa 1 % Speierlingsmost zu.

J	F	M	A	M	J	J	A	S	O	N	D

Caragana arborescens # Gemeiner Erbsenstrauch

1

1 Blätter paarig gefiedert, mit 4–5 Fiederpaaren; Blüten gelb, einzeln oder in kleinen Dolden an Kurztrieben

2 Hülse gerundet, 4 mm dick

2er-Check

2

Merkmale: Sommergrüner, aufrechter, 5–7 m hoher Strauch oder kleiner Baum mit olivgrüner bis graubrauner Rinde. Zweigsystem deutlich in Lang- und Kurztriebe gegliedert. Blätter 7–10 cm lang. Blüten zwittrig, 1,5–3 cm lang gestielt, 15–20 mm groß. Hülsen 3–5 cm lang.

Vorkommen: Auf durchlässigen, nur mäßig nährstoffreichen, oft steinigen, mittel- bis flachgründigen, meist kalkhaltigen Böden. In lichten und lockeren Gebüschen und an Waldrändern. Mittel- und Ostsibirien bis zur Mandschurei.

Biologie: Der Erbsenstrauch ist seit 1752 in Europa in Kultur. Es ist ein wüchsiger, anspruchsloser Strauch, der in Gärten und Parks häufig angepflanzt und auch kaum von Schädlingen befallen wird. Die Blüten werden von Bienen und Hummeln bestäubt. Die Früchte öffnen sich zur Reife explosionsartig und schleudern die Samen weit weg. Obwohl viele Samen gebildet werden und diese auch gut keimen, neigt der Erbsenstrauch kaum zur Verwilderung. Die Jungpflanzen sind sehr lichtbedürftig. Da der Erbsenstrauch salztolerant ist, wird er häufig im Mittelstreifen der Autobahnen angepflanzt. Der Erbsenstrauch ist in allen Teilen giftig.

| J | F | M | A | M | J | J | A | S | O | N | D |

Gemeiner Blasenstrauch
Colutea arborescens   **RL 3**

1 Hülse blasig-dünnwandig, reif silbrig glänzend

2 Blüten zu 3–8 in aufrechten Trauben

3 Blätter unpaarig gefiedert, mit 4–6 Fiederpaaren

3er-Check

Merkmale: Sommergrüner, 2–6 m hoher, reich verzweigter Strauch mit glatter bis flach längsgefurchter, graubrauner Rinde. Blätter 7–10 cm lang. Blüten zwittrig, 15–20 mm lang. Früchte 6–7 cm lang und 2–3 cm dick, mit vielen 4 mm großen, nierenförmigen Samen.

Vorkommen: Auf sommerwarmen, flach- bis mittelgründigen Löss- und Lehmböden. An sonnigen Waldrändern, lichten Eichen-Wäldern oder Eichen-Gebüschen. In den Südalpen bis 1600 m hoch ansteigend. Von Spanien über Südosteuropa bis zur Ukraine; in Kleinasien und Transkaukasien. In Deutschland nur im oberen Rheintal und am Kaiserstuhl; ebenso im benachbarten Elsass.

Biologie: Die Blüten können nur durch große Hautflügler bestäubt werden, die den komplizierten Bestäubungsmechanismus auslösen können. In der heimischen Fauna sind dies Hummeln und die Holzbiene. Honigbienen gelangen an den begehrten Nektar nur illegal: Sie dringen seitlich in die Blüten ein und bewirken damit natürlich keine Bestäubung. Die reifen und eingetrockneten Hülsen bleiben noch lange am Strauch hängen. Sie öffnen sich nur im Spitzenbereich. Der Blasenstrauch ist giftig.

J	F	M	A	M	J	J	A	S	O	N	D

Coronilla emerus **Strauch-Kronwicke**

1

2

3

1 Aufrechter, reich verzweigter Strauch; Blüten in 3- bis 5-zähligen Dolden

2 Blätter unpaarig gefiedert, mit 7–9 verkehrt-herzförmigen Fiedern

3 Hülsen hängend, 5–10 cm lang, zwischen den Samen eingedellt

3er-Check

Merkmale: Sommergrüner, reich verzweigter, straff aufrechter, 0,5–2 m hoher Strauch mit gerieften, an den Knoten verdickten Zweigen. Blätter 4–6 cm, Fiedern 10–15 mm lang. Blüten zwittrig, gelb, 18–20 mm lang, blattachselständig.

Vorkommen: Auf humosen, flach- bis mittelgründigen, steinigen Lehm- und Lössböden. Auf sommerwarmen und -trockenen Felshängen, in lichten Eichen- und Kiefern-Mischwäldern. Südeuropa. In Mitteleuropa nur im südlichen Oberrheingebiet, am Kaiserstuhl, am Bodensee und am nördlichen Alpenrand. In den Gebirgen bis 1350 m hoch ansteigend.

Biologie: Die Strauch-Kronwicke ist ein in Deutschland seltener Strauch. Die Blüten werden von Bienen und Hummeln bestäubt, die Pollen und Nektar sammeln. Ein komplizierter Bestäubungsmechanismus bewirkt, dass der klebrige Pollen an der Bauchseite der Insekten abgelagert wird. Wie bei allen Kronwicken zerfällt die reife Frucht, eine Gliederhülse, in 1-samige Abschnitte, die geschlossen bleiben. Die Strauch-Kronwicke ist sehr lichtbedürftig. In Südosteuropa wächst sie in Gesellschaft von Perückenstrauch, Manna-Esche, Flaum-Eiche und Kornelkirsche.

J F M A M J J A S O N D

Besenginster *Cytisus scoparius*

3er-Check

1 Reich verzweigter, aufrechter Strauch mit gelben Blüten

2 Triebe 5-kantig; Blätter an den Kurztrieben 3-teilig

3 Hülsen abgeflacht, zur Reife schwarz, an den Kanten bewimpert

Merkmale: Sommergrüner, 1–2 m, selten 3–9 m hoher Strauch mit grünen Trieben und Zweigen. Blättchen 5–20 mm lang. Blüten zwittrig, zu 1–2 an kurzen Seitentrieben, 2–2,5 cm groß. Hülsen 3,5–5 cm lang, mit zahlreichen schwarzen Samen.

Vorkommen: Auf mäßig nährstoff- und basenreichen, kalkfreien, sauren, mittel- bis tiefgründigen Lehm-, Sand und Steinböden. An Böschungen, Waldsäumen, Wegrändern; in Eichen-, Buchen- und Birkenwäldern. West und Mitteleuropa. In Mitteleuropa vor allem in den atlantisch beeinflussten Teilen.

Biologie: Der Besenginster ist ein lichtbedüftiges Gehölz, das im Sommer ausreichende Feuchtigkeit benötigt und nur in wintermilden Lagen gedeiht. In strengen Wintern frieren die Büsche meist bis zum Boden zurück und färben sich schwarz, treiben jedoch wieder kräftig aus. Die Blüten bilden nur Pollen. Bestäuber sind Hummeln, die den komplizierten Explosionsmechanismus (siehe S. 219), bei dem der Pollen das Insekt regelrecht einpudert, auslösen können. Die Samen haben ein kleines Anhangsgebilde. Dieser Ölkörper, Elaiosom genannt, wirkt auf Ameisen attraktiv. Sie verschleppen die Samen und tragen so zur Verbreitung bei.

| J | F | M | A | M | J | J | A | S | O | N | D |

Laburnum anagyroides **Gemeiner Goldregen**

1	Blüten in hängenden Trauben
2	Blätter 3-teilig, Fiedern ganzrandig
3	Hülsen abgeflacht, zwischen den Samen etwas eingeschnürt

3er-Check

Merkmale: Sommergrüner, aufrechter, wenigstämmiger, bis 7 m hoher Strauch oder kleiner Baum mit glatter, grünlicher Rinde. Sprosssystem deutlich in Lang- und Kurztriebe gegliedert. Blätter 3–5 cm lang gestielt, mit 4–5 cm langen Blättchen. Blüten zwittrig, 5-zählig, gelb, 2 cm groß. Früchte 3–8 cm lang.

Vorkommen: Auf meist kalkhaltigen, nährstoffreichen, mäßig trockenen, mild-humosen Lehmböden. In lichten Buschwäldern, Eichen- und Kiefern-Wäldern vergesellschaftet mit Flaum-Eiche, Blasenstrauch und Weichsel-Kirsche. In den Gebirgslagen bis 2000 m hoch ansteigend.

Biologie: Die Blüten des Goldregens bilden nur Pollen, jedoch keinen Nektar. Blütenbesucher sind Bienen und Hummeln. Der Goldregen ist ein beliebtes Gartengehölz und in wintermilden Gegenden Deutschlands verwildert oder eingebürgert. Häufig sehen wir ihn an Straßenböschungen, wo er zur Blütezeit sehr auffällt. Der Goldregen ist sehr giftig. Fast alle Pflanzenteile enthalten das Alkaloid Cytisin. Besonders konzentriert ist es in den Samen. Schon 2 Samen können bei Kindern starke Vergiftungserscheinungen wie Erbrechen, Durchfall und Krämpfe auslösen.

J	F	M	A	M	J	J	A	S	O	N	D

Robinie *Robinia pseudoacacia*

3er-Check

1 Blüten weiß, in hängenden Trauben; Blätter unpaarig gefiedert

2 Nebenblattdornen paarweise an kräftigen Zweigen

3 Hülsen abgeflacht, zwischen den Samen etwas eingedellt

Merkmale: Sommergrüner, 20–25 m hoher Baum mit lockerer, rundlicher oder schirmartiger Krone und tief gefurchter, graubrauner Rippenborke. Blätter 20–30 cm lang; Fiedern elliptisch, 3–6 cm lang. Blüten zwittrig, 1,5–2,5 cm lang. Hülsen 5–10 cm lang; mit 4–10 Samen.

Vorkommen: Auf mäßig nährstoffreichen, mittel- bis tiefgründigen, lockeren Sand- und Lehmböden. Atlantisches Nordamerika. In weiten Teilen Nordamerikas eingebürgert. Zu Beginn des 17. Jahrhunderts von J. Robin von Virginia nach Paris gebracht.

Biologie: Kaum ein anderes nach Mitteleuropa eingeführtes Gehölz hat sich so ausgebreitet wie die Robinie. Sie ist auch in Nordafrika, West- und Ostasien eingebürgert. Ihre Bodenansprüche sind gering und durch Wurzelsprossbildung vermag sie sich auch gegenüber mechanischer Bekämpfung zu behaupten. Die Blüten bilden reichlich Nektar. Sein Zuckergehalt beträgt 34–59 %; damit gehört die Robinie zu den nektar- und zuckerreichsten Bienentrachtpflanzen. Die Früchte bleiben bis zu 1 Jahr nach der Reife am Baum. Robinien können 100–200 Jahre alt werden. Samen, Früchte, Blätter und Rinde sind giftig!

J	F	M	A	M	J	J	A	S	O	N	D

Ailanthus altissima **Götterbaum**

1 **2**

3er-Check

1 Blätter wechselständig, 45–75 cm lang, mit 13–25 Fiedern

2 Blüten gelblich, in reichblütigen, großen Rispen; unangenehm duftend

3 Früchte breit geflügelt, Samen im Zentrum liegend

3

Merkmale: Sommergrüner, oft langschäftiger, 25–30 m hoher, mäßig verzweigter Baum mit breiter Krone und flach gerippter bis fast glatter Borke. Blätter zerrieben unangenehm duftend; Fiedern ganzrandig oder mit 2–4 Zähnen, die eine Drüse tragen. Blüten unscheinbar, zwittrig oder eingeschlechtig. Früchte 4,5–5 cm lang.

Vorkommen: Auf steinigen, basenreichen, gut drainierten, oft kalkhaltigen Böden. Subtropisches bis temperiertes Ostchina. 1751 nach England und 1784 nach Amerika eingeführt.

Biologie: Der Götterbaum ist ein licht- und wärmebedürftiges Gehölz. Zur Beliebtheit in den Parks tragen die Fruchtstände bei, die sich, je nach Reifungszustand, über grün, gelb, orangerot nach hellbraun verfärben. Von Schädlingen wird der Götterbaum nicht befallen. Die Blüten sind reich an Nektar und Pollen. Bienen gehören zu den wichtigsten Blütenbesuchern. Die Früchte fallen nicht unmittelbar nach der Reife ab, sondern bleiben oft noch den Winter über am Baum hängen. Die Sämlinge wachsen schnell, oft bis in den Spätherbst, sodass ein Jungbaum mehrere Meter pro Jahr Zuwachs hat. Das Lebensalter des Götterbaums ist kurz. Die Bäume sterben häufig schon nach 50–60 Jahren ab.

J	F	M	A	M	J	J	A	S	O	N	D

Besenheide, Heidekraut *Calluna vulgaris*

2 **1**

3er-Check

1 Sparriger, niederliegend-aufsteigender, reich verzweigter Zwergstrauch

2 Blätter sehr klein, den Zweigen schräg anliegend

3 Blüten rosa, Kelch länger als die Krone

Merkmale: Immergrüner, 20–50 cm hoher Strauch mit rötlichbrauner bis graubrauner, längsrissiger Rinde. Blätter in 4 Längszeilen stehend, 1–3 mm lang. Blüten zwittrig, in aufrechten, einseitswendigen Doppeltrauben; Kelch 3,5–4 mm, Krone nur 1–2 mm lang. Fruchtkapsel 1,5 mm groß.

Vorkommen: Auf mäßig feuchten bis sommertrockenen, nährstoff- und basenarmen, sauren, humosen Sand-, Stein-, Lehm oder Torfböden. Heiden, lichte Kiefern- und Eichen-Wälder, Magerweiden, Böschungen, Felshänge und Moore. Europa. In Mitteleuropa gebietsweise häufig; im Norddeutschen Tiefland in den Heiden bestandsbildend. In den Alpen bis zu 2700 m hoch ansteigend. Im atlantischen Nordamerika stellenweise eingebürgert.

Biologie: Das Heidekraut bildet in den atlantisch getönten Teilen Europas von Nordspanien bis zum Nordkap zum Teil großflächige Heiden, entweder als Reinbestand oder vergesellschaftet mit Birke, Kiefer und Wacholder. Mancherorts ist sie, wie in der Lüneburger Heide, landschaftsprägend. Die heutigen großflächigen Heiden sind nicht ursprünglich, sondern durch Vernichtung von Wäldern oder das Trockenlegen von Mooren entstanden.

| J | F | M | A | M | J | J | A | S | O | N | D |

Erica carnea **Schnee-Heide**

1 Niederliegend-aufsteigender, große Matten bildender Strauch

2 Blätter nadelartig schmal, nach unten eingerollt

3 Blüten nickend, rosa bis fleischfarben; Kelch kürzer als die Krone und heller

3er-Check

Merkmale: Immergrüner, 15–30 cm hoher Strauch. Blätter an den Knoten zu viert, 7–10 mm lang. Blüten zwittrig, kahl, in Doppeltrauben. Kelch 3 mm, Krone 6 mm lang; Kronblätter verwachsen. Kapselfrucht 2 mm lang.

Vorkommen: Auf flachgründigen, meist kalkhaltigen bis schwach sauren Böden. An warmen, sonnigen Fels- und Geröllhängen der montanen und subalpinen Stufe; in Föhrenheiden, Legföhrenbeständen sowie in lichten Lärchen- und Fichten-Wäldern; vergesellschaftet mit Behaarter Alpenrose, Bärentraube, Zwergbuchs und Steinröschen. Bis 2600 m hoch ansteigend. Europa. Alpen und Voralpenland. In Mitteleuropa nördlich bis zum Fichtelgebirge und entlang der Alpenflüsse bis zur Donau.

Biologie: Die Schnee-Heide ist eine der wenigen kalkholden, auf Dolomit, Kalkstein und Serpentin gedeihenden Heide-Arten. Sie bildet ihre Blüten schon im Spätsommer aus. Diese überdauern den Winter ohne Knospenschutz. Unmittelbar mit der Schneeschmelze beginnen sich die Blüten zu entfalten. Sie werden vor allem von solitär lebenden Bienen aufgesucht. Die Wurzeln sind in innigem Kontakt mit Bodenpilzen (Mycorrhiza).

J	F	M	A	M	J	J	A	S	O	N	D

Graue Heide *Erica cinerea*　　RL 1

1 Reich verzweigter, aufrechter Strauch

2 Blätter grün, nadelartig schmal, in ihren Achseln Kurztriebe

3 Blüten endständig, glockenförmig, hellviolett; Kelchblätter kurz, rötlich

3er-Check

Merkmale: Immergrüner, 20–60 cm hoher Strauch mit kantigen Trieben. Blätter in 3-zähligen Wirteln, 4–7 mm lang. Blüten zwittrig, 4-zählig, 5–7 mm groß. Fruchtkapsel mit vielen, 0,6–0,9 mm langen Samen.

Vorkommen: Auf sauren, humosen, nährstoffarmen, sandigen oder steinigen Silikatböden. In atlantischen Heidegesellschaften mit Heidekraut, Behaartem Ginster, Stechginster und Adlerfarn. Atlantisches Europa. Portugal, Nordspanien, Frankreich, Britische Inseln, Südwestnorwegen, Belgien, Holland. In Mitteleuropa nur noch unmittelbar westlich der deutschen Grenze.

Biologie: Die Graue Heide prägt zur Blütezeit den Farbton der atlantischen Heiden. In ungestörter Ausprägung finden wir sie heute noch auf den Sandböden der französischen »Landes«, auf felsigem Untergrund beispielsweise in Nordfrankreich und in Irland. Die nektarreichen Blüten werden von Bienen und Hummeln bestäubt. Kurzrüsselige Insekten rauben den Nektar, indem sie die Kronröhren seitlich aufbeißen, eine Erscheinung die wir bei mehreren Arten mit langröhrigen Blüten beobachten können.

| J | F | M | A | M | J | J | A | S | O | N | D |

§   *Erica tetralix* **Glocken-Heide**

1 Blüten nickend, in endständigen Doldentrauben; Kelchblätter kurz, bewimpert

2 Blätter nadelförmig, grau behaart und am Rande drüsenhaarig bewimpert

2er-Check

Merkmale: Immergrüner, niederliegender bis aufrechter, büschelig verzweigter, 20–50 cm hoher Strauch. Blätter in 4-zähligen Quirlen, 3–5 mm lang; Blattränder nach unten eingerollt. Blüten zwittrig, 4-zählig, zu 5–10 beieinander, 6–7 mm lang; Kronzipfel zurückgeschlagen. Kapselfrucht mit zahlreichen, 0,3 mm kleinen Samen.

Vorkommen: Auf nassen, nährstoffarmen, sauren Torfböden oder humusreichen, sauren Sandböden; auf feuchteren Standorten als das Heidekraut. In Heide- und Torfmooren. Atlantisches Europa. In Mitteleuropa vor allem in den küstennahen Bereichen Nordwestdeutschlands.

Biologie: Die Glocken-Heide ist eine sehr lichtbedürftige Pflanze und verfügt über ein sehr feines, flach streichendes Wurzelwerk. Der Nektar der Blüten ist nur langrüsseligen Insekten, vor allem Bienen und Hummeln, zugänglich. Der Rüssel der Blütenbesucher stößt an die Fortsätze der Staubbeutel. Hierbei wird der Pollen ausgeschüttelt und das Insekt damit eingestäubt. Die feinen, staubgroßen Samen verbreitet der Wind. Die Glocken-Heide ist in den »Roten Listen« einiger Bundesländer, z. B. Mecklenburg-Vorpommern und Brandenburg, enthalten.

J	F	M	A	M	J	J	A	S	O	N	D

Gagelstrauch *Myrica gale*

RL 3

1

1 Blätter länglich, verkehrt-eiförmig, nur im oberen Teil gesägt

2 Früchte in kätzchenartigen, aufrechten Ständen, dicht mit Harzdrüsen besetzt

2er-Check

2

Merkmale: Sommergrüner, reich verzweigter, 50–125 cm hoher, aromatisch duftender Strauch. Zweige dunkelbraun, behaart, dicht mit golden glänzenden Harzdrüsen besetzt. Blätter 2,5–6 cm lang. Blüten zahlreich, blattachselständig, eingeschlechtig; Pflanzen zweihäusig. Männliche Stände 10–15 mm lang, weibliche nur 5–6 mm lang, durch die dicht stehenden Narben zur Blütezeit rot gefärbt.

Vorkommen: Auf nassen bis mäßig feuchten und moorigen Sandböden; auf torfigen, feuchten Heiden, in Heidemooren, Kiefern-Wäldern sowie in Weidesümpfen.

Biologie: Der Gagelstrauch besiedelt meist Zwischen- und Übergangsmoore, meidet aber das eigentliche Hochmoor. Die Kätzchen sind windblütig. Da sie schon sehr zeitig angelegt werden und auch die Staubblätter im Winter bereits voll entwickelt sind, erblühen sie bereits an den ersten milden Tagen. Blätter und Blütenstände enthalten ein ätherisches, toxisch wirkendes Öl. In Norddeutschland wurden die Blätter dem Bier zugesetzt. Solches Porstbier hatte eine stark berauschende Wirkung, vergleichbar jenem Bier, dem der Sumpf-Porst zugesetzt wurde (siehe S. 85).

| J | F | M | A | M | J | J | A | S | O | N | D |

RL 2   *Betula nana* **Zwerg-Birke**

1

1 Reich verzweigter, niederliegend-aufsteigender Strauch; Früchte in kurzen, aufrechten Ständen

2 Blätter rundlich, oberseits glänzend dunkelgrün; Blattrand gekerbt

2er-Check

2

Merkmale: Sommergrüner, 50–100 cm hoher Strauch. Blätter 5–12 mm groß. Blüten in eingeschlechtigen, aufrechten Kätzchen; Pflanzen einhäusig. Männliche Kätzchen schon im Vorsommer ausgebildet, nackt überwinternd, bis 15 mm lang. Weibliche Kätzchen in den Knospen geborgen, mit der Laubentfaltung aufblühend, 7–10 mm lang.

Vorkommen: In Mitteleuropa in offenen Hoch- und Kiefernmooren. In der Arktis an moorigen Standorten, in Zwergstrauch-Gesellschaften; auf nassen, nährstoff- und basenarmen, sauren Torfböden. Nördliches, arktisches und östliches Europa bis nach Sibirien. In Mitteleuropa im Norddeutschen Tiefland, den Hochlagen der Mittelgebirge wie Harz (Brocken), Erzgebirge, Isergebirge, Böhmerwald, Schweizer Jura und in den Alpen.

Biologie: Die Zwerg-Birke ist in Mitteleuropa ein Relikt der Eiszeit, in der sich das Verbreitungsgebiet dieser arktischen Art weit nach Süden erstreckte. Mit zunehmender Erwärmung verschwand die Zwerg-Birke weitgehend, sie konnte sich aber in den Hochlagen der Gebirge halten. Durch Moorentwässerung und Moorabbau ist die Zwerg-Birke vielerorts, so auch im Schwarzwald, ausgestorben.

J	F	M	A	M	J	J	A	S	O	N	D

Kriech-Weide *Salix repens*

1 Blätter lanzettlich, oberseits graugrün bis grün, unterseits dicht behaart

2 Männliche Kätzchen bis 15 mm lang, aufrecht

3 Reich verzweigter Strauch mit aufsteigenden bis aufrechten Trieben

3er-Check

Merkmale: Sommergrüner, 30–100 cm hoher Strauch mit unterirdischen Achsen. Blätter 1,5–5 cm lang und 1–2 cm breit. Blüten eingeschlechtig; Pflanzen zweihäusig. Blüten lange vor den Blättern erscheinend; Kätzchen eiförmig.

Vorkommen: Auf wechselfeuchten bis staunassen, kalkhaltigen, basenreichen, humos-torfigen Sand- und Tonböden. In Moorwiesen, Heide- und Flachmooren, auf nassen Magerweiden und Heiden. Von Europa bis West- und Mittelasien.

Biologie: Die Kriech-Weide ist eine sehr vielgestaltige Art, die in 2 Kleinarten unterteilt wird. Die Rosmarin-Weide *(Salix repens* ssp. *rosmarinifolia)* hat 2–4 cm lange, aber nur sehr schmale, an Rosmarin erinnernde Blätter. Sie ist vorwiegend im Binnenland und entlang der Ostseeküste anzutreffen. Die Kriech-Weide im engeren Sinne kommt vor allem im atlantisch beeinflussten Europa und im südwestlichen Deutschland, der Schweiz und in Österreich vor. Die Sand-Kriech-Weide *(Salix repens* ssp. *arenaria),* kenntlich an den beiderseits dicht silbrig behaarten, ovalen bis breit-ovalen Blättern, ist in den Dünengebieten der Nord- und Ostsee, am Atlantik von Westfrankreich bis Südskandinavien beheimatet.

J	F	M	A	M	J	J	A	S	O	N	D

Salix reticulata **Netz-Weide**

1

2

3

1 Dem Erdboden angeschmiegter Zwergstrauch

2 Blätter elliptisch, oberseits glänzend, mit markanter Nervatur

3 Männliche Blütenstände lang gestielt, bis 3,5 cm lang

3er-Check

Merkmale: 5–30 cm langer, sommergrüner Strauch mit gelbbraunen bis olivgrünen Zweigen. Blätter 1–2 cm lang gestielt, mit 2–5 cm langer Spreite. Blüten in eingeschlechtigen, aufrechten Kätzchen, mit den Blättern erscheinend; Pflanzen zweihäusig.

Vorkommen: Auf feuchten bis nassen, mild-humosen Stein- und Felsschuttböden auf meist kalkhaltigem Untergrund. Nordeuropa und europäische Hochgebirge, nördliches und arktisches Asien sowie Nordamerika. In den Alpen zwischen 1700 und 3150 m Höhe, doch gebietsweise bis in die Krummholzregion herabreichend.

Biologie: Die Netz-Weide ist eine Charakterpflanze der so genannten Schneetälchen alpiner Lagen. Der Schnee kann hier über 8 Monate liegen. Infolge der nur sehr kurzen Vegetationszeit ist der jährliche Zuwachs der Pflanze nur sehr gering. Der Blattaustrieb erfolgt schnell, zwischen der Blütezeit und der Fruchtreife vergehen nur wenige Wochen. Begleitpflanzen sind der Alpen-Hahnenfuß, das Alpenglöckchen und die Stumpfblättrige Weide. Die Netz-Weide wird von Insekten bestäubt. Ähnliche Lebensräume wie die Netz-Weide, aber auf saurem Untergrund, besiedelt Europas kleinstes Gehölz, die Kraut-Weide, *Salix herbacea.*

J	F	M	A	M	J	J	A	S	O	N	D

Stumpfblättrige Weide *Salix retusa*

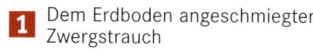

1 Dem Erdboden angeschmiegter Zwergstrauch

2 Blätter verkehrt-eiförmig bis breit-eiförmig, oberseits glänzend

3 Männliche Blütenstände gelb, nur 1,5 cm lang

3er-Check

Merkmale: Niederliegender, sommergrüner 5–30 cm langer Strauch. Zweige olivgrün bis braun, im Boden wurzelnd. Blätter ohne Nebenblätter, 2–3 mm lang gestielt, mit 5–20 mm langer Spreite. Blüten in eingeschlechtigen, aufrechten Kätzchen; Pflanzen zweihäusig.

Vorkommen: Auf basenreichen, meist kalkhaltigen, mild-humosen Stein- und Steinschuttböden oder auf nacktem Fels. In Spalierweiden-Gesellschaften der alpinen und subalpinen Stufe. Europäische Hochgebirge. Pyrenäen, Alpen, Apenninen, Karpaten, Dinarisches Gebirge. In den Alpen zwischen 1600 und 2900 m Höhe.

Biologie: Die Stumpfblättrige Weide ist eine sehr robuste Weide, die auch an exponierten Standorten zu leben vermag. Auf nackten Felsen wächst sie jährlich oft nur wenige Millimeter, auf nährstoffreicheren Standorten immerhin einige Zentimeter. Oftmals wird sie an nackten Felsen im Winter frei geweht und überdauert so ungeschützt. In den Schneetälchen hingegen ist sie über viele Monate von einer hohen Schneeschicht bedeckt. Trotz ihres Lebensraumes in der alpinen Höhenstufe lässt sich die Stumpfblättrige Weide auch im Tiefland gut kultivieren. Im Herbst färben sich die Blätter leuchtend gelb und duften intensiv nach Baldrian.

J	F	M	A	M	J	J	A	S	O	N	D

RL 3   *Empetrum nigrum* **Krähenbeere**

1 Niederliegender, kriechender und Teppiche bildender Strauch

2 Blätter nadelförmig, mit eingerolltem Blattrand, nur 4–5 mm lang, glänzend

3 Früchte kugelförmig, 6–8 mm groß, schwarz glänzend

3er-Check

Merkmale: Immergrüner, 20–40 cm hoher Strauch mit hell- bis rötlichbraunen Zweigen. Blätter wechselständig oder zu 3–5 einander wirtelig genähert. Blüten unscheinbar, meist eingeschlechtig, einzeln in den Achseln der Laubblätter, an den Zweigenden gehäuft; Pflanzen ein- oder zweihäusig. Steinfrüchte mit 6–9 1-samigen Steinkernen.

Vorkommen: Nördlicher Teil der Nordhemisphäre. Im südlichen Teil des Verbreitungsgebietes nur im Gebirge. In Europa Pyrenäen, Britische Inseln, Mitteleuropa, Skandinavien, Baltikum, Nord- und Mittelrussland.

Biologie: Die Krähenbeere lässt sich in 2 Unterarten mit unterschiedlichem Standort und unterschiedlicher Biologie gliedern. Die Schwarze Krähenbeere *(Empetrum nigrum* ssp. *nigrum)* ist meist zweihäusig. Sie ist vor allem im Küstenbereich der Nord- und Ostsee, aber auch in den Mittelgebirgen anzutreffen. Im Küstenbereich gedeiht sie in den Hinterdünen und Heiden auf Sand. Die Zwittrige Krähenbeere *(Empetrum nigrum* ssp. *hermaphroditum)* ist einhäusig und hat meist zwittrige Blüten. Sie ist in den Alpen in 1700–3000 m Höhe und in der Arktis anzutreffen.

J	F	M	A	M	J	J	A	S	O	N	D

Rosmarinheide *Andromeda polifolia*

RL 3

2 **1**

3er-Check

1 Schwach verzweigter, bogig aufsteigender Strauch

2 Blätter linealisch, oberseits glänzend,
unterseits silbrig; Ränder eingerollt

3 Blüten in endständigen, kurzen Trauben, kugelig bis glockig, zartrosa

3

Merkmale: Immergrüner, 10–20 cm hoher Strauch mit unterirdischer Grundachse und aufrechten, hellbraunen, bereiften Trieben.
Blätter kurz gestielt, Spreite 1,5–3 cm lang. Blüten zwittrig, zu 3–7,
6–8 mm lang. Fruchtkapsel mit eiförmigen, 1,5 mm langen Samen.

Vorkommen: Auf nassen, nährstoffarmen, sauren Torfböden in
Hochmooren. Mittel- und Nordeuropa, östlich bis Sibirien; Nordamerika, Westgrönland. Im Süden des Verbreitungsgebietes auf
höhere Lagen beschränkt, bis 2000 m hoch ansteigend.

Biologie: Die Rosmarinheide ist eine Charakterpflanze der Torf-
moos- und Heidemoore. Sie wächst vergesellschaftet mit Moosbee-
re, Heidekraut, Sonnentau und Sumpf-Porst. In Mitteleuropa ist sie
ein Eiszeitrelikt. Die Bestäubung der auffälligen Blüten erfolgt
durch Insekten, vor allem Hautflügler und Falter. Der Nektar wird
am Grunde des Fruchtknotens gebildet. Die Ausbreitung erfolgt
durch Samen, aber dank der sich reich verzweigenden unterirdischen Sprosse auch vegetativ. Linné benannte sie nach Androme-
da, der Tochter des Kepheus und der Kassiope, die an Schönheit
mit der Juno wetteiferte. Er wählte den Namen »für eine liebliche
Bewohnerin der felsigen Sümpfe Lapplands«.

| J | F | M | A | M | J | J | A | S | O | N | D |

RL 2, § *Arctostaphylos uva-ursi* **Bärentraube**

1 Dem Erdboden anliegender Strauch; Blätter ganzrandig, glänzend

2 Blüten nickend, krugförmig, weiß bis blassrosa; Kronblattzipfel dunkler

3 Früchte scharlachrot, glänzend

3er-Check

Merkmale: Immergrüner, dichte Teppiche bildender Spalierstrauch mit filzig behaarter, sich später in dünnen Schuppen ablösender Rinde. Blätter derb, 3 cm lang, kahl. Blüten zwittrig, in wenigblütigen, endständigen Trauben, 5–6 mm lang. Steinfrucht mehlig-fleischig, 6–8 mm groß, mit 5 1-samigen Steinkernen.

Vorkommen: Auf basenreichen bis mäßig sauren, sandigen, humosen Lehmböden. Im Flachland vor allem in Kiefernwäldern zusammen mit Heidekraut; im Hochgebirge in lichten Lärchen-, Arven- und Legföhrenbeständen. Europa von Nordportugal bis zum Ural; im nördlichen Sibirien und Nordamerika. In Deutschland vom Norden bis zu 2780 m Höhe in den Alpen.

Biologie: Die Blüten werden von langrüsseligen Insekten, vor allem Hummeln aufgesucht und bestäubt. Die lange an der Pflanze verbleibenden Früchte werden von Schneehühnern, Hähern, Wacholderdrosseln und Seidenschwänzen verzehrt. Die Norweger backen sie ins Brot. Die Blätter werden als Teedroge gegen Blasen- und Nierenleiden verwendet. Sie haben an der Pflanze eine Lebensdauer von 3–4 Jahren. In den Alpen gibt es eine nah verwandte, sommergrüne Art, die Alpen-Bärentraube.

J	F	M	A	M	J	J	A	S	O	N	D

Rostblättrige Alpenrose

Rhododendron ferrugineum

§

1	Immergrüner Strauch mit lederigen Blättern
2	Blätter eiförmig bis elliptisch, unterseits rot- bis schwarzbraun
3	Blüten trichterförmig-glockig, rosa, außen drüsig

3er-Check

Merkmale: Bis 1 m hoher, dicht verzweigter Strauch. Blätter 3-8 mm lang gestielt; Spreite 2,5–4,5 cm lang und bis 1 cm breit. Blätter im Herbst des 2. Jahres abfallend. Blüten zwittrig, in endständigen, 6- bis 10-blütigen Doldentrauben, 10–15 mm lang. Fruchtkapseln mit vielen, 1 mm großen Samen.

Vorkommen: Auf feuchten, sauren, humosen, steinigen Lehm-, Ton- und Torfböden. Gesellig und oft große Bestände bildend im Bereich der Grün-Erlen, Legföhren, Arven und Lärchen und oberhalb der Baumgrenze. In Höhenlagen von 1500–3000 m. Europa. Pyrenäen, Jura, Alpen, nördliche Apenninen, Karpaten.

Biologie: Die Rostblättrige Alpenrose besiedelt zwar die gleiche Höhenstufe wie die Behaarte Alpenrose, beide Arten trifft man jedoch nur selten am gleichen Standort an, da sie unterschiedliche Böden bevorzugen. Man bezeichnet solche Arten als vikariierend. Die Rostblättrige Alpenrose wächst auf saurem Gestein. Ihre Blüten werden von Bienen und Hummeln bestäubt. Die winzigen, nur 0,025 mg leichten Samen verbreitet der Wind. Die Sträucher können bis zu 100 Jahre alt werden. Im Winter sind sie oft lange von einer mehrere Meter hohen Schneedecke belastet.

J	F	M	A	M	J	J	A	S	O	N	D

§ *Rhododendron hirsutum* **Behaarte Alpenrose**

1 Immergrüner, kurz-filzig behaarter Strauch mit rosa Trichterblüten

2 Blätter ledrig, am Rand bewimpert, unterseits grün

2er-Check

Merkmale: Reichverzweigter, bis 1 m hoher Strauch mit anfangs kurz-filzig behaarten Trieben und schütter mit Drüsen besetzt, später mit brauner Rinde. Blätter 3–8 mm lang gestielt; Spreite 1,5–3,5 cm lang und 10–15 mm breit. Blüten zwittrig, in endständigen, 5- bis 10-zähligen Doldentrauben; Blütenhülle 5-zählig, Krone 15 mm lang. Fruchtkapseln mit zahlreichen, 1 mm langen Samen.

Vorkommen: An steinigen Hängen, auf Grobschutthalden und nährstoffarmen, lehmig-tonigen Kalkverwitterungsböden; gebietsweise häufig und bestandbildend. Im Legföhrengürtel und in Gebüschen im Bereich der Waldgrenze; vorwiegend in Höhenlagen von 1200–2650 m. Vergesellschaftet mit Schnee-Heide, Zwergmehlbeere und Preiselbeere. Mittlere und östliche Alpen bis Slowenien, westlich bis zum Genfer See.

Biologie: Die Behaarte Alpenrose gehört zu den landschaftsprägenden Alpenpflanzen. Sie ist ein Licht- bis Halbschattengehölz. Ihre Blüten werden von Bienen und Hummeln bestäubt. Die feinen Samen verbreitet der Wind. Die Sträucher werden weit über 50 Jahre alt. Im Winter vertragen sie oft beträchtliche Schneehöhen.

J F M A M J J A S O N D

Heidelbeere *Vaccinium myrtillus*

3er-Check

1 Dichte Rasen bildender Strauch mit aufsteigenden Zweigen

2 Triebe grün, kantig gerieft, hin und her gebogen; Blätter gezähnelt, zugespitzt

3 Blüten einzeln in den Blattachseln, krugförmig, grünlich, rot überlaufen

Merkmale: Sommergrüner, 15–50 cm hoher Strauch mit weit kriechender, unterirdischer Sprossachse und verzweigten grünen Trieben. Blätter kahl, sehr kurz gestielt, 1,5–2 cm lang. Blüten zwittrig, 4–7 mm groß. Beeren kugelförmig, oben grubig-vertieft, dunkelblau, bereift, 7–8 mm groß, mit 1 mm langen Samen.

Vorkommen: Auf mittelgründigen, nährstoff- und basenarmen, sauren, sandig-steinigen Lehm- oder Torfböden. Häufig und gesellig in Laub- und Nadelwäldern, Heidemooren und Zwergstrauchheiden; vom Tiefland bis in Höhen von 2800 m aufsteigend. Europa bis Mittelsibirien und zum Kaukasus.

Biologie: Die Blüten der Heidelbeere führen reichlich Nektar, der 20 % Zucker enthält. Sie werden durch Bienen bestäubt. Auch Selbstbefruchtung ist möglich. Die Früchte werden von Vögeln und Säugetieren verzehrt. Sie enthalten bis zu 5 % Zucker und sind reich an Vitamin C. Ihr Fruchtfleisch wird durch Anthocyan intensiv blau gefärbt. Die bis 1 m tief in den Boden dringenden Wurzeln leben in Symbiose mit Bodenpilzen (Mycorrhiza). An Moorrändern und in Kiefern-Wäldern wächst die Heidelbeere vergesellschaftet mit Rauschbeere, Heidekraut und Preiselbeere.

J	F	M	A	M	J	J	A	S	O	N	D

Vaccinium uligionosum **Rauschbeere**

3er-Check

1 Reich verzweigter, buschiger Strauch; Beeren schwarzblau, bereift

2 Zweige gerundet, grau bis rotbraun; Blätter verkehrt-eiförmig, ganzrandig

3 Blüten in kurzen Trauben, krugförmig, weiß bis rosa

Merkmale: Sommergrüner 20–90 cm hoher Strauch mit grau- bis rotbrauner Rinde. Blätter wechselständig, kurz gestielt, 1,5–2 cm lang, 8–15 mm breit, oberseits mattgrün. Blüten zwittrig, in 4- bis 5-zähligen Ständen. Kelch sehr klein, Krone 4–5 mm lang. Beeren vom Kelch gekrönt, 8–10 mm groß.

Vorkommen: Auf nassen, nährstoffarmen, humosen, sauren Stein-, Torf- und Rohhumusböden. Häufig und gesellig in Torfmooren, in Kiefern-, Birken- und Heidemooren, moorigen Wäldern, in lichten Arven- und Legföhren-Beständen und Zwergstrauchheiden der Hochgebirge; in den Alpen auch an schneefreien Graten und Windecken. Vom Flachland bis zu 2400 m in den Alpen aufsteigend. Europa, Nordasien, Nordamerika.

Biologie: Die Lebensräume der Rauschbeere sind sehr vielgestaltig. Während sie in den Mooren des Tieflandes stattliche Büsche bildet, bleibt sie in den Hochgebirgen gedrungen. Die Blüten werden von Bienen und Hummeln aufgesucht. Vögel verbreiten die Früchte. Die Früchte gelten als giftverdächtig. Rauschartige Erregungen, Schwindelgefühl und Durchfall treten wohl nur nach dem Verzehr größerer Mengen auf.

J	F	M	A	M	J	J	A	S	O	N	D

Preiselbeere *Vaccinium vitis-idaea*

3er-Check

1 Kriechender Strauch mit aufrechten Zweigen; Beeren rot und glänzend

2 Blätter elliptisch, mit deutlicher Mittelrippe, glänzend

3 Blüten glockenförmig, in nickenden Trauben, weiß, rosa überlaufen

Merkmale: Immergrüner, 10–30 cm hoher Strauch mit unterirdisch kriechender, reich verzweigter Sprossachse. Blätter derb-lederig, 1–2,5 cm lang. Blütenhülle 5-zählig; Krone 6–10 mm lang, mit zurückgeschlagenen Zipfeln. Beeren kugelförmig, 5–8 mm groß, vom Kelch gekrönt. Fruchtfleisch mehlig, säuerlich schmeckend; Samen 1,5 mm groß.

Vorkommen: Auf sauren, nährstoff- und basenarmen, flachgründigen, steinigen Lehmböden oder Rohhumusböden. Zerstreut, aber gesellig in trockenen Kiefern-Wäldern, Heiden und Mooren; in den Alpen im Legföhrengürtel und in subalpinen Zwergstrauchheiden. Europa, Nordasien und Nordamerika. In Mitteleuropa vom Norddeutschen Tiefland bis zu den Alpen in Höhen von 3000 m.

Biologie: Die Preiselbeere ist eine Licht- bis Halbschattenpflanze. Die Wurzeln der Preiselbeere können bis 1 m tief in den Boden eindringen. Sie leben mit Bodenpilzen (Mykorrhiza) in Symbiose. Die Blüten werden von Bienen und Hummeln bestäubt. Wacholderdrosseln, Häher, Alpendohle und Elster verzehren die Früchte. Diese enthalten bis zu 7 % Zucker. Die Früchte werden gesammelt und als Kompott gegessen, die Blätter als Heiltee genutzt.

J	F	M	A	M	J	J	A	S	O	N	D

RL 3 *Rosa gallica* **Essig-Rose**

1

Blüten einzeln, endständig, rosa;
Kronblätter ausgerandet; Blätter
stumpfgrün

Hagebutten kugel- bis birnenförmig,
braunrot

2er-Check

2

Merkmale: Sommergrüner, mitunter auch wintergrüner, 20–60 cm
hoher, schwach verzweigter Strauch mit unterirdischen Sprossach-
sen und aufrechten Zweigen. Fiedern meist 7, länglich-eiförmig,
bis 3,5 cm lang und 2,5 cm breit. Blüten zwittrig, 4–8 cm breit; Blütenhülle 5-zählig. Hagebutten 10–15 mm lang; Kelch zunächst bleibend, später abfallend.

Vorkommen: Auf sommerwarmen, und sommer- oder wechseltrockenen, basenreichen und humosen Lehm- und Tonböden. Selten; in Wald- und Gebüschsäumen, lichten Eichen-Wäldern, an
Feldrainen und in Magerrasen; bevorzugt im Jura, Keuper- und
Muschelkalkgebiet. Süd-, Mittel- und Südosteuropa bis zur Ukraine und zur Krim; nördliches Anatolien, Kaukasien.

Biologie: Die Blüten der Essig-Rose duften und werden von Bienen,
Hummeln und Käfern aufgesucht. Die Essig-Rose ist die kleinste
der heimischen Rosen. Sie ist seit langem in Kultur und eine der
Stammpflanzen unserer Gartenrosen. Zur Rosenölgewinnung, das
für die Parfümindustrie benötigt wird, baut man sie in Frankreich
feldmäßig an. Die Kronblätter werden geerntet und mit Wasser
destilliert. Für 1 kg Rosenöl benötigt man 3–4 Tonnen Blütenblätter.

| J | F | M | A | M | J | J | A | S | O | N | D |

Roter Ginster *Chamaecytisus purpureus*

1 Blüten zu 1–3 seitlich stehend, purpurrot

2 Blätter 3-zählig gefiedert, kahl

2er-Check

Merkmale: Sommergrüner, 30–75 cm hoher Strauch mit unterirdischen Sprossen und bogig aufsteigenden bis überhängenden, kantig gerieften Zweigen. Blätter wechselständig, 10–15 mm lang gestielt, mit länglich-elliptischen, 15–20 mm langen und 8 mm breiten Fiedern. Blüten zwittrig, Blütenhülle 5-zählig, Krone 2–2,5 cm lang. Hülsen dunkelbraun, 2–5 cm lang.

Vorkommen: Auf flach- bis tiefgründigen, mäßig nährstoffreichen, steinig-lehmigen Böden; häufig auf Kalk und Dolomit. Auf Felshängen und in Felsheiden, in Halbtrockenrasen, im Flaum-Eichen-Gebüsch und in Kiefern-Wäldern. Endemisch in den Süd- und Ostalpen von Österreich und Italien sowie in Slowenien, Kroatien und Albanien. In den Gebirgen bis 1500 m hoch ansteigend.

Biologie: Pflanzen, wie der Rote Ginster, die nur ein kleines Verbreitungsgebiet haben, bezeichnet man als Endemiten. Die Blüten werden von größeren Hautflüglern aufgesucht. Die Hülsen öffnen sich zur Reife explosionsartig und schleudern dabei die Samen aus. Der Rote Ginster, auch Rosenginster oder Pupurginster genannt, ist die einzige rosarot blühende Ginsterverwandte. Sie wird in den Gärten häufig angepflanzt.

J	F	M	A	M	J	J	A	S	O	N	D

Genista germanica **Deutscher Ginster**

1 Strauch mit endständigen, gelben Blüten

2 Zweige dornig bewehrt

3 Blätter elliptisch-lanzettlich, bewimpert

3er-Check

Merkmale: Sommergrüner, niederliegend-aufsteigender Strauch von 40–60 cm Höhe. Langtriebe unbewehrt, gefurcht, abstehend behaart. Seitentriebe im nichtblühenden Bereich als 10–15 cm lange Dorntriebe ausgebildet. Blätter wechselständig, beidseitig locker behaart, 8–15 mm lang und 4–6 mm breit. Blütentrauben an Seitensprossen, bis 5 cm lang; Blütenhülle 5-zählig, Krone 10 mm groß. Hülsen schwarzbraun, 10 mm lang, mit 2–5 braunen Samen.

Vorkommen: Auf nährstoffarmen, mäßig trockenen, kalkarmen, aber basenreichen, humosen, lockeren, steinigen oder reinen Lehmböden. An Wald- und Wegrändern, in Heiden, lichten Eichen- und Kiefern-Wäldern. Europa. In Mitteleuropa vor allem im mittleren und südlichen Deutschland; in den Gebirgen bis 750 m hoch ansteigend.

Biologie: Der Deutsche Ginster ist eine Charakterpflanze der Ginster-Heidekraut-Gesellschaften. Die Blüten werden von Bienen bestäubt, die in den Blüten einen komplizierten Explosionsmechanismus auslösen (siehe S. 219). Die reifen Früchte stehen unter Spannung und öffnen sich explosionsartig. Dabei werden die Samen ausgeschleudert.

J	F	M	A	M	J	J	A	S	O	N	D

Behaarter Ginster *Genista pilosa*

1 Blüten zu 1–3 achselständig, gold-gelb

2 Blätter lanzettlich, Triebe gerieft

3 Unbewehrter Strauch auf kargen Böden oder Felsen

3er-Check

Merkmale: Sommergrüner, reich verzweigter, 10–30 cm hoher Strauch mit knotig verdickten, anliegend behaarten Zweigen. Blätter an den Langtrieben wechselständig, an den Kurztrieben rosettig stehend, 3–12 mm lang, 1,5–3 mm breit. Blüten zwittrig, Blütenhülle 5-zählig, Krone 8–10 mm lang. Hülsen 1–3 cm lang.

Vorkommen: Auf exponierten, vollsonnigen, sommerwarmen und -trockenen Felshängen; auf nährstoff- und basenarmen, flachgründigen, meist sauren Stein-, Torf- und Sandböden. An Wald- und Wegrändern, in Trockenrasen und lichten Eichen- und Kiefernwäldern. Europa. In Mitteleuropa vor allem im westlichen, atlantisch beeinflussten Teil; im Rheingebiet, den Mittelgebirgen und in Südwestdeutschland. Im Schwarzwald bis 1200 m Höhe ansteigend.

Biologie: Der Behaarte Ginster ist eine sehr licht- und wärmebedürftige Pflanze. Im nichtblühendem Zustand tritt sie kaum in Erscheinung, bildet aber zur Blütezeit auffallende und leuchtende Farbteppiche. Die Wurzeln vermögen tief in Gesteinsspalten einzudringen, um die Pflanze im Sommer mit Wasser zu versorgen. Die Blüten werden von Insekten, vor allem von Bienen bestäubt. Der Behaarte Ginster ist in allen Teilen giftig.

J	F	M	A	M	J	J	A	S	O	N	D

Genista tinctoria **Färber-Ginster**

1

1 Niederliegend-aufsteigender Strauch mit gelben, endständigen, aufrechten Blütentrauben

2 Blätter lanzettlich, kahl

2er-Check

2

Merkmale: Sommergrüner, 30–75 cm hoher, mäßig verzweigter, nur am Grunde verholzter Strauch mit tief gefurchten, grünen Trieben. Blätter wechselständig, sehr kurz gestielt, 1–3 cm lang. Blüten zwittrig, in reichblütigen Ständen; Blütenhülle 5-zählig, Krone 1–2 cm lang. Hülse 1,5–3 cm lang, seitlich stark abgeflacht, kahl.

Vorkommen: Auf wechseltrockenen, mittel- bis tiefgründigen Lehm- und Tonböden. An Wald- und Gebüschsäumen, in lichten Eichen-Mischwäldern. Europa, Westasien. In den Mittelgebirgen bis 1250 m Höhe ansteigend.

Biologie: Die Blüten werden durch Insekten bestäubt, die durch einen Explosionsmechanismus mit Pollen eingepudert werden. Der Pollen wird vor der Blütenentfaltung in das Schiffchen, 2 miteinander verbundene Kronblätter entleert. Landet ein Insekt auf den seitlichen Blütenblättern, den Flügeln, so wirkt ein Hebelmechanismus auf das Schiffchen, das niedergedrückt wird. Durch eine im Inneren des Schiffchens vom Griffel und den Staubblättern verursachte Spannung wird das Schiffchen bei Druck oben aufgeschlitzt, der Griffel schnellt hoch, berührt das Insekt und belädt es mit Fremdpollen.

J	F	M	A	M	J	J	A	S	O	N	D

Rosmarin-Seidelbast *Daphne cneorum* RL 2

1. Niederliegender Strauch mit endständigen Blütendolden

2. Blätter länglich-lanzettlich bis spatelförmig

3. Blüten mit langer Röhre, leuchtend
   rosa

3er-Check

Merkmale: Immergrüner, 10–40 cm hoher Strauch mit bewurzelter
Grundachse und aufsteigenden Trieben. Blätter wechselständig,
lederig, kahl, 12–15 mm lang und 2–4 mm breit. Blüten zwittrig,
zu 5–10 in endständigen Dolden; Blütenhülle einfach, ohne Krone;
Kelchröhre 6–12 mm lang, mit 4 Zipfeln, außen dicht anliegend
behaart. Steinfrucht elliptisch, gelb, 1-samig.

Vorkommen: Auf mäßig trockenen, basen- und meist kalkreichen,
nährstoffarmen, humosen Stein- und Kiesböden. In lichten Kiefernwäldern, im Legföhrengürtel, auf Bergmatten, in Steppenhei-
den und an sonnigen Felshängen. In den nördlichen Alpen in
Höhenlagen bis 1280 m, in den Südalpen bis über 2000 m hoch
ansteigend. Europa. In Mitteleuropa vor allem in den Alpen, dem
Alpenvorland, entlang von Lech, Isar und Donau sowie im Schwä-
bischen Jura.

Biologie: Der Rosmarin-Seidelbast ist in Deutschland selten. Er
steht, wie alle heimischen Seidelbast-Arten unter Naturschutz. Die
intensiv nach Nelken duftenden Blüten werden von Schmetterlingen
und anderen langrüsseligen Insekten aufgesucht und bestäubt.
Auch Selbstbestäubung ist möglich.

J	F	M	A	M	J	J	A	S	O	N	D

RL 3 *Daphne laureola* # Lorbeer-Seidelbast

1 Blätter immergrün, lederig, schopfig am Zweigende

2 Blüten gelbgrün, blattachselständig

3 Früchte elliptisch, blauschwarz

3er-Check

Merkmale: Mäßig verzweigter, 40–120 cm hoher Strauch. Junge Triebe grün bis olivgrün. Blätter 2,5–10 cm lang, 7–30 mm breit. Blüten zwittrig, mit einfacher, 4-zähliger Blütenhülle, 6–8 mm lang. Früchte 10 mm groß.

Vorkommen: Auf flach- bis mittelgründigen, nährstoffreichen, humosen, lockeren, basenreichen, meist kalkhaltigen Lehmböden. In krautreichen Buchen-, Eichen- und Eichen-Hainbuchen-Mischwäldern in wintermilder und -feuchter Klimalage. Europa. In Deutschland an der Nordgrenze der Verbreitung; sehr selten im Oberrheingebiet (Dinkelberg) und bei Linz am Rhein.

Biologie: Der Lorbeer-Seidelbast ist empfindlich gegen Winterkälte und sommerliche Trockenheit. Er wächst, vergesellschaftet mit den gleichfalls immergrünen Gehölzen Buchsbaum, Eibe und Stechpalme, in der Hügel- und Bergstufe. In den Alpen kommt er bis 1000 m Höhe vor. Die Blüten werden von Faltern bestäubt, die Früchte von Vögeln verzehrt und verbreitet. Jungpflanzen werden bereits mit 4–5 Jahren blühfähig. Das Lebensalter beträgt jedoch nur 15–20 Jahre. Der Lorbeer-Seidelbast ist in allen Teilen giftig; die Rinde enthält das hochgiftige Daphnin.

J	F	M	A	M	J	J	A	S	O	N	D

Gemeiner Seidelbast *Daphne mezereum* §

3er-Check

1 Blüten 4-zählig, rosa, an vorjährigen Zweigabschnitten

2 Blätter wechselständig, länglich-lanzettlich, nur am Zweigende

3 Früchte kugelförmig bis länglich-eiförmig, rot glänzend

Merkmale: Sommergrüner, aufrechter, schwach verzweigter, 40–120 cm hoher Strauch mit graubrauner Rinde. Blätter 4–8 cm lang und bis 2 cm breit. Blüten zwittrig, fast sitzend, 5–7 mm lang, mit einfacher, 4-zähliger Blütenhülle, vor der Laubentfaltung blühend. Früchte 8 mm groß, mit einem 5–6 mm langem Steinkern.

Vorkommen: Auf feuchten, aber gut drainierten, basenreichen, meist kalkhaltigen Mull- oder humosen Lehmböden. In Buchen-, Eichen-Hainbuchen-, Ahornwäldern. Der Gemeine Seidelbast ist eine Halbschattenpflanze. Er wächst vor allem in der Hügel- und Bergstufe. In den Alpen bis etwa 2000 m hoch ansteigend.

Biologie: Der Gemeine Seidelbast gehört zu den ersten blühenden Gehölzen in der heimischen Flora. Die Blüten duften intensiv und angenehm. Sie werden von Schmetterlingen und anderen langrüsseligen Insekten aufgesucht, die den am Grunde der Blütenröhre reichlich gebildeten Nektar saugen. Drosseln, Hänflinge und Rotkehlchen verzehren und verbreiten die Früchte. Der Gemeine Seidelbast ist sehr giftig. Sowohl das in der Rinde enthaltene Daphnetoxin als auch das Mezerein der Samen wirken stark hautreizend.

J	F	M	A	M	J	J	A	S	O	N	D

Rhamnus pumila **Zwerg-Kreuzdorn**

1 Dem Fels angeschmiegter Strauch; elliptische, zugespitzte Blätter

2 Blüten gelbgrün, in der Achsel der Blätter

3 Früchte kugelförmig, 6–8 mm groß, blauschwarz

3er-Check

Merkmale: Sommergrüner, knorriger, niederliegend bis kriechender, 5–20 cm hoher Strauch mit grauer bis rötlichbrauner Rinde. Blätter wechselständig, 5–10 mm lang gestielt, mit 1–3 cm langer, bis 16 mm breiter Spreite. Blüten zwittrig oder eingeschlechtig, 4-zählig, 2–4 mm lang.

Vorkommen: An steilen, kahlen Felsen, in Felsnischen und in sonnigen, feinerdearmen Felsspalten; vorwiegend auf kalkhaltigem Gestein. In den Alpen zwischen 1400 und 2330 m Höhe. Europa. In Mitteleuropa nur im Schweizer Jura und in den Alpen.

Biologie: Der Zwerg-Kreuzdorn ist eines der markantesten mitteleuropäischen Spaliergehölze. Mit seinem Wurzelwerk vermag er tief in Gesteinsklüfte einzudringen und ist geradezu ein Lehrbuchbeispiel für ein Pioniergehölz auf extremem Standort. Er kann die strengen Hochgebirgswinter auch ohne Schneeschutz überdauern. Der jährliche Zuwachs ist außerordentlich gering. So können selbst kleine Exemplare ein hohes Alter aufweisen. Bei einem nur 22 mm dicken Stamm konnten 75 Jahresringe gezählt werden. Die Blüten, die reichlich Nektar bilden, werden vor allem von Fliegen und Hautflüglern aufgesucht, die Früchte von Vögeln verbreitet.

J	F	M	A	M	J	J	A	S	O	N	D

Fototeil Blüten

Blüten sind bei den Gehölzen oft nur kurzlebig. Im 2er- oder 3er-Check wurden Blütenmerkmale daher oft nicht berücksichtigt. Erst im Textteil bei den »Merkmalen« wurde auf sie näher eingegangen. Um einen Überblick zu ermöglichen, werden hier noch einmal für einige Gehölzgattungen charakteristische Blüten zusammengestellt.

Gemeiner Wacholder, S. 32

▲ Libanon-Zeder, S. 54

Europäische Lärche, S. 55 ▼

Gemeine Fichte, S. 42

Wald-Kiefer, S. 60

Gemeine Berberitze, S. 102

Gemeine Eibe, S. 51

Feld-Ulme, S. 105

Schwarz-Erle, S. 106

Zitter-Pappel, S. 119

Rot-Buche, S. 83

Silber-Weide, S. 124

Stiel-Eiche, S. 157

Kupfer-Felsenbirne, S. 130

Gemeines Pfaffenhütchen, S. 94

Spitz-Ahorn, S. 148

Kornelkirsche, S. 70

Gemeine Esche, S. 174

Faulbaum, S. 91

Gefährdung und Artenschutz

Viele heimische Pflanzenarten sind in immer stärkerem Maße in ihrem Bestand gefährdet. Die Gründe sind recht unterschiedlicher Natur. Hauptursachen sind die intensive land- und forstwirtschaftliche Nutzung mit ihren Monokulturen, die zunehmende Besiedlungsdichte mit all ihren Begleiterscheinungen wie Straßen und Wegebau, Industrieansiedlungen, Freizeit- und Sportgelände. Das führt neben einem direkten Verlust von Lebensräumen auch zu einer erheblichen Zerstückelung und Isolierung von Lebensräumen. In den vergangenen Jahrzehnten hat auch die systematische Zerstörung von Feuchtgebieten durch Aufschüttung, Trockenlegung und anschließender landwirtschaftlicher Nutzung sowie die Begradigung und Verrohrung von Kleinwasserläufen zu einem erheblichen Rückgang von feuchtigkeitsliebenden Pflanzen geführt.

1974 wurde erstmalig eine »Rote Liste der in der Bundesrepublik Deutschland gefährdeten Arten von Farn- und Blütenpflanzen« erstellt. Die letzte »Rote Liste gefährdeter Pflanzen Deutschlands« stammt aus dem Jahr 1996 und umfasst erstmals ganz Deutschland.

Der jeweilige Gefährdungsgrad wird in der »Roten Liste« durch Zahlensymbole (von 0−3) bzw. Buchstaben (R) angegeben, die auch bei den Artbeschreibungen dieses Buches verwendet werden. Es bedeuten:

0: Ausgestorben oder verschollen Die hier aufgeführten Pflanzenarten sind nachweislich ausgestorben oder an einst belegten Fundorten seit mindestens 10 Jahren trotz Suche nicht mehr nachgewiesen. In Deutschland ausgestorben sind an Gehölzen die Tannen-Rose *(Rosa abietina)*, die Alpen-Weide *(Salix alpina)* und die Zweifarbige Weide *(Salix bicolor)*.

1: Vom Aussterben bedroht Vom Aussterben bedroht sind solche Pflanzenarten, die nur in Einzelvorkommen oder wenigen, von einander getrennten, kleinen Beständen auftreten, und deren Lebensräume aufgrund gegebener oder absehbarer Eingriffe ernsthaft bedroht sind. Hierzu gehören an Gehölzen die Graue Heide *(Erica cinerea)*, der Rispelstrauch *(Myricaria germanica)* und die Wilde Weinrebe *(Vltis vinifera* ssp. *sylvestris)*.

2: Stark gefährdet Eine starke Gefährdung liegt vor, wenn von der betreffenden Pflanzenart nur noch kleine Bestände existieren oder deren Bestände nahezu im gesamten Verbreitungsgebiet deutlich zurückgehen oder regional verschwunden sind. Dieser Kategorie gehören die Zwerg-Birke *(Betula nana)*, der Rosmarin-Seidelbast *(Daphne cneorum)* und die Reif-Weide *(Salix daphnoides)* an.

3: Gefährdet Hierzu zählen Pflanzenarten, die regional in kleinen oder sehr kleinen Beständen vorkommen, oder Arten, deren Bestände vielerorts lokal zurückgehen oder lokal verschwunden sind. Als gefährdet gelten nunmehr auch einst weit verbreitete Bäume wie die Weiß-Tanne *(Abies alba)*, die Eibe *(Taxus baccata)*, die Schwarz-

Pappel *(Populus nigra)* die Feld-Ulme *(Ulmus minor)* sowie allein 6 Rosen-Arten!

R: Extrem selten oder potenziell gefährdet Für Pflanzen dieser Kategorie liegt zwar noch keine akute Gefährdung vor, doch können sie wegen ihrer großen Seltenheit durch unvorhergesehene lokale Eingriffe schlagartig ausgerottet werden. Als Beispiel sei die Felsen-Johannisbeere *(Ribes petraeum)* genannt.

Unabhängig von ihrem Gefährdungsgrad in der »Roten Liste« können heimische Pflanzenarten durch die 1986 in Kraft getretene Bundesartenschutzverordnung bzw. die in den einzelnen Bundesländern erlassenen Naturschutzgesetze geschützt sein. Nach der Bundesartenschutzverordnung geschützte Bäume und Sträucher werden bei den Artbeschreibungen dieses Buches mit dem §-Zeichen gekennzeichnet. Hingewiesen sei schließlich auch auf das »Washingtoner Artenschutzabkommen« von 1973, das für die Bundesrepublik Deutschland 1976 in Kraft getreten ist. Durch dieses Abkommen soll bedrohten oder seltenen Pflanzenarten weltweiter Schutz zuteil werden.

Benennung der Pflanzen (Nomenklatur)

Seit der Veröffentlichung von Carl von Linnés grundlegendem wissenschaftlichen Werk »Species Plantarum« im Jahr 1753 bestehen wissenschaftliche Pflanzennamen aus zwei Teilen (binäre Nomenklatur). Einem lateinischen oder latinisierten Gattungsnamen, z. B. *Rosa,* wird ein Artepitheton angefügt. Die Hunds-Rose heißt somit *Rosa canina.* Der Gattungsname wird stets groß, das Artepitheton in der Regel klein geschrieben.

Hybriden (Bastarde) werden dadurch gekennzeichnet, dass man zwischen die Artepitheta der Eltern ein x einfügt *(Platanus orientalis x occidentalis)* oder dem neuen Hybridepitheton ein x voranstellt *(Platanus x hispanica).*

Auch die deutsche Namensgebung unterliegt bestimmten Regeln. So heißt die Gattung *Salix* auf deutsch Weide. Demzufolge werden die einzelnen Arten Sal-Weide oder Silber-Weide genannt. Hingegen muss *Elaeagnus angustifolia* Schmalblättrige Ölweide heißen, da die Gattung *Elaeagnus* auf deutsch Ölweide genannt wird.

Die Hunds-Rose heißt mit wissenschaftlichem Namen *Rosa canina.*

Glossar

adstringierend
Zusammenziehend; durch besondere Inhaltsstoffe, z. B. Gerbsäure.

bewimpert
Blattrand mit feinen, spreizenden Haaren bekleidet.

extraflorale Nektarien
Nektardrüsen außerhalb einer Blüte, meist am Grunde einer Blattspreite oder am Blattstiel.

fachspaltig
Öffnung einer Kapselfrucht im Bereich der Fruchtfächer.

Fruchtbecher
Becherartige Hülle, die eine Frucht oder mehrere Früchte bis zur Reife umgibt. Sie kann aus Hochblättern oder aus der Sprossachse gebildet sein.

Gallen
Durch Tiere (Fliegen, Läuse, Mücken, Wespen oder Milben) an Blättern, Sprossen, Blüten oder Blütenständen hervorgerufene Wucherungen ganz bestimmter Form, in denen Tiere ihre Individual- bzw. Larvalentwicklung durchlaufen.

Hochblatt
Blatt im Blütenbestandsbereich.

Hochwald
Sich aus Sämlingen entwickelnder, geschlossener und großflächiger Baumbestand, in dem die jeweiligen Gehölzarten zur vollen Größe auswachsen können (Gegenteil s. unter Niederwald).

Kätzchen
Meist hängender, ähriger Blütenstand, bei dem in der Achsel von Tragblättern perianthlose Blüten in 1- oder 3-Zahl stehen.

langschäftig
Meist im dichten Bestand sich bildende, astfreie Stammabschnitte. Die Seitenäste sterben aus Lichtmangel ab.

Monokultur
Eine aus nur einer Pflanzen- bzw. Gehölzart gebildete, von Menschen angelegte Kultur.

Mycorrhiza
Symbiose zwischen Pilzen und den Wurzeln von Blütenpflanzen (s. S. 11).

Nagelung
Kronblätter am Grunde stielartig verschmälert.

Niederwald
Sich aus Stockausschlägen bildender Wald, bei dem alle 15-40 Jahre die Stämme am Grunde abgeschlagen und zur Brennholz-, Rebpfahl- und Gerbstoffgewinnung genutzt werden.

Perianth
Blütenhülle; hierzu zählen die Kelch- und Kronblätter.

Pioniergehölz
Sich auf freien Flächen entwickelnde, lichtbedürftige, schnellwüchsige und meist auch nur kurzlebige Gehölze, die später von Bäumen einer Waldgesellschaft verdrängt werden.

Plenterwirtschaft
Waldnutzungsform, bei der aus einem Bestand jeweils nur einzelne große Bäume geschlagen werden. Die Verjüngung verläuft ohne Eingriff des Menschen.

Saftmal
Farbmarkierung an Blütenblättern; häufig nicht im Zusammenhang mit Nektarien stehend.

Schildhaar, Schülferhaar
Flächig ausgebildete, der Sprossachse bzw. dem Blatt meist dicht aufliegende Haare.

Schuppenblatt
Kleine, den Sprossen aufliegende und z.T. mit ihnen verwachsene Blätter.

Sprossberindung
Durch an der Sprossachse herablaufende Blattbasen sich bildende Gewebeschicht, die die eigentliche Rinde völlig umhüllt.

Tragblatt
Blatt aus dessen Achsel ein Seitenspross oder eine Blüte entspringt.

Umtriebszeit
Zeitraum zwischen der Pflanzung und dem Fällen einer Nutzholzart.

Weiterführende Literatur

Fitschen, J.: Gehölzflora. 10. Aufl. 1994. Quelle & Meyer Verlag, Heidelberg, Wiesbaden.

Frohne, D. & H. J. Pfänder: Giftpflanzen. Ein Handbuch für Apotheker, Ärzte, Toxikologen und Biologen. 4. Aufl. 1997. Wiss. Verlagsgesellschaft, Stuttgart

Godet, J.-D.: Blüten einheimischer und wichtiger fremdländischer Baum- und Straucharten. 1984. Verlag J. Neumann-Neudamm, Melsungen.

Godet, J.-D.: Knospen und Zweige der einheimischen Baum- und Straucharten. 1983. Verlag J. Neumann-Neudamm, Melsungen.

Godet, J.-D.: Bäume und Sträucher. Einheimische und eingeführte Baum- und Straucharten. 1987. Verlag J. Neumann-Neudamm, Melsungen.

Haeupler, H. & Th. Muer: Bildatlas der Farn- und Blütenpflanzen Deutschlands. 2000. Verlag Eugen Ulmer, Stuttgart.

Hegi, G.: Illustrierte Flora von Mitteleuropa. 7 Bände. 1.–3. Aufl. 1906–1995. Blackwell Wissenschaftsverlag, Berlin.

Hecker, U.: BLV Handbuch Bäume und Sträucher. 1995. BLV Verlagsgesellschaft, München, Wien, Zürich.

Mitchell, A.: Die Wald- und Parkbäume Europas. 2. Aufl. 1979. Verlag Paul Parey, Hamburg, Berlin.

Oberdorfer, E.: Pflanzensoziologische Exkursionsflora. 7. Aufl. 1994. Verlag Eugen Ulmer, Stuttgart.

Roloff, A. & A. Bärtels: Gehölze. 1996. Verlag Eugen Ulmer, Stuttgart.

Bundesamt für Naturschutz (Hrsg.): Rote Liste gefährdeter Pflanzen Deutschlands. 1996. Schriftenreihe für Vegetationskunde, Heft 28, Bonn.

Rothmaler, W.: Exkursionsflora von Deutschland. Band 4. Kritischer Band. 9. Aufl. 2001. Spektrum Akademischer Verlag, Heidelberg, Berlin.

Schmeil-Fitschen: Flora von Deutschland. 91. Aufl. 2000. Quelle & Meyer Verlag, Wiebelsheim.

Schulz, Bernd: Gehölzbestimmung im Winter. 1999. Verlag Eugen Ulmer, Stuttgart.

Tutin, T.G. & V.H.Heywood u.a. (Hrsg.): Flora Europaea. 5 Bände. 1964-1980. Cambridge University Press, Cambridge, London, New York, Melbourne.

Wisskirchen, R. & H. Haeupler: Standardliste der Farn- und Blütenpflanzen Deutschlands. 2000. Verlag Eugen Ulmer, Stuttgart.

Deutsche und wissenschaftliche Pflanzennamen

Bildnachweis

Bittmann 49/3

Cramm 82/2, 101/1, 121/1, 135/3, 155/1, 156/1, 160/1, 172/2, 172/3, 173/3

Eisenbeiss 24, 32/2, 33/2, 48/1, 51/3, 60/3, 65/2, 74/1, 76/1, 80/2, 88/2, 98/1, 98/2, 98/3, 99/3, 102/1, 106/3, 109/3, 111/1, 124/3, 125/3, 136/1, 140/1, 141/1, 141/2, 148/3, 151/2, 157/2, 161/2, 174/2, 177/1, 182/3, 184/1, 189/1, 189/2, 193/1, 199/1, 199/2, 205/1, 205/3, 206/3, 208/3, 210/2, 211/1, 212/3, 213/3, 216/1, 216/2, 217/1, 217/2, 222/1, 222/2

Greissl 41/2, 41/3, 49/2, 50/1, 50/2, 50/3

Handel 105/1

Hecker U. 35/1, 38/3, 44/2, 46/2, 47/2, 53/2, 54/1, 59/2, 60/2, 61/1, 61/3, 66/1, 66/2, 67/2, 67/3, 71/2, 76/2, 77/3, 79/2, 81/1, 88/1, 90/1, 96/1, 96/2, 96/3, 103/3, 104/3, 111/2, 111/3, 120/2, 120/3, 122/1, 123/2, 127/2, 136/2, 136/3, 142/2, 144/3, 147/2, 147/3, 150/2, 153/1, 153/3, 162/3, 164/2, 170/3, 171/2, 172/1, 175/2, 181/2, 181/3, 184/2, 184/3, 191/1, 192/1, 196/3, 197/2, 212/2, 215/2, 225ur

Hecker F. 41/1, 46/1, 55/1, 64/2, 72/1, 72/2, 74/3, 89/3, 94/1, 113/1, 135/2, 188/1, 189/3, 195/1, 195/2, 196/2, 212/1, 213/1, 221/2, 224o, 226u

König 119/2, 204/2

Muer 120/1

Pforr 32/1, 34/2, 34/3, 37/2, 38/2, 42/3, 43/2, 52/1, 52/3, 57/2, 59/1, 61/2, 62/3, 63/2, 65/1, 69/1, 69/2, 70/2, 71/1, 74/2, 75/1, 75/2, 77/2, 78/1, 78/3, 82/3, 83/3, 84/2, 86/2, 87/1, 87/2, 89/1, 91/2, 92/2, 93/1, 93/2, 95/2, 101/2, 102/3, 104/2, 105/2, 107/1, 107/2, 107/3, 108/2, 109/1, 112/3, 113/3, 116/2, 117/3, 118/1, 118/2, 118/3, 119/1, 121/3, 122/2, 125/1, 125/2, 126/1, 126/2, 127/1, 129/2, 129/3, 132/1, 132/3, 133/1, 133/2, 134/1, 134/2, 137/1, 137/3,

140/3, 142/1, 144/2, 145/3, 146/3, 148/2, 149/2, 149/3, 150/1, 152/1, 154/2, 155/3, 157/1, 158/1, 159/1, 159/3, 160/2, 160/3, 161/3, 162/1, 162/2, 164/3, 165/1, 166/1, 166/2, 167/1, 169/2, 169/3, 171/1, 175/3, 176/3, 177/3, 178/2, 179/1, 179/2, 180/3, 181/1, 182/1, 183/1, 183/2, 185/3, 186/1, 187/2, 190/3, 191/2, 192/3, 193/2, 194/3, 195/3, 197/1, 197/3, 198/2, 198/3, 201/1, 201/2, 202/1, 202/2, 204/1, 206/1, 211/2, 214/1, 215/1, 223/1, 223/3, 225Ml, 225Mr, 226Mr, 227or,

Pott 22, 25, 26, 27, 35/2, 37/1, 42/1, 42/2, 48/2, 51/2, 55/2, 56/2, 57/1, 57/3, 58/2, 58/3, 62/2, 68/1, 69/3, 70/3, 71/2, 72/3, 73/2, 79/1, 81/2, 94/2, 97/1, 102/2, 106/1, 106/2, 108/1, 110/1, 112/1, 115/1, 116/1, 117/1, 128/1, 128/3, 131/3, 138/1, 143/2, 144/1, 145/1, 145/2, 147/1, 148/1, 149/1, 151/3, 161/1, 165/3, 169/1, 170/2, 173/1, 174/1, 176/1, 177/2, 178/1, 180/1, 182/2, 185/1, 186/2, 187/1, 190/1, 194/2, 196/1, 199/3, 200/1, 203/1, 203/2, 205/2, 207/3, 208/1, 209/1, 209/2, 210/1, 210/3, 213/2, 214/2, 214/3, 218/1, 218/2, 219/1, 220/1, 220/2, 220/3, 221/1, 225ul

Reinhard 2/3, 7, 32/3, 36/1, 36/2, 39/1, 39/2, 40/1, 40/2, 40/3, 47/1, 51/1, 59/3, 62/1, 63/1, 66/3, 73/1, 73/3, 76/3, 77/1, 82/1, 85/1, 86/1, 86/3, 91/3, 92/3, 95/1, 99/2, 100/1, 112/2, 114/2, 115/2, 115/3, 116/3, 121/2, 122/3, 129/1, 131/1, 132/2, 133/3, 134/3, 135/1, 150/3, 152/2, 152/3, 163/3, 163/2, 164/1, 165/2, 168/2, 170/1, 171/3, 175/1, 176/2, 190/2, 200/2, 207/1, 209/3, 217/3, 223/2, 224M, 224u, 225o, 226or, 227ul

Schacht 54/2

Seidl 34/1, 38/1, 43/3, 44/1, 45/1, 49/1, 53/1, 56/1, 58/1, 60/1, 64/1, 64/3, 67/1, 78/2, 109/2, 130/1, 130/3, 139/1, 141/3, 142/3, 143/1,

143/3, 146/1, 153/2, 154/1, 156/2,
163/1, 180/2, 198/1, 218/3, 219/2,
226ol, 227Ml
Synatzschke 33/1, 43/1, 52/2, 79/3,
85/2, 85/3, 89/2, 90/2, 92/1,
97/2, 100/2, 103/1, 103/2, 110/2,
110/3, 113/1, 117/2,131/2, 137/2,
138/2, 139/2, 140/2, 146/2,
155/2, 158/2, 168/3, 174/3, 185/2,
187/3, 188/2, 188/3, 192/2, 194/1,
200/3, 206/2, 207/2, 208/2
Willner 33/3, 54/3, 55/3, 56/3,
70/1, 80/1, 81/3, 83/1, 83/2,
84/1, 90/3, 91/1, 94/3, 95/3,
97/3, 99/1, 104/1, 105/3, 114/1,
123/1, 123/3, 124/1, 124/2, 128/2,
130/2, 138/3, 139/3, 151/1, 159/2,
166/3, 168/1, 173/2, 183/3,
222/3, 226Ml, 227ol, 227Mr,
227ur

Farbzeichnungen:

Marlene Gemke: 35/3, 36/3, 37/3,
39/3, 45/2, 46/3, 53/3, 68/2,
167/2, 221/3
Marianne Petry: 84/3, 156/3, 157/3,
193/3, 204/3

Schwarzweißzeichnungen:
Eberhard Göppert

Piktogramme:
Anton Walter

Die Deutsche Bibliothek –
CIP-Einheitsaufnahme

Ein Titeldatensatz für diese
Publikation ist bei Der Deutschen Bibliothek erhältlich

© 2001 BLV Verlagsgesellschaft
mbH, München

Umschlaggestaltung:
Studio Schübel, München

Umschlagfotos: Danegger (1),
Hecker (2, 3)

Layoutkonzept Innenteil:
Parzhuber & Partner, München

Lektorat: Dr. Friedrich Kögel
Herstellung: Hermann Maxant

Layout: Anton Walter,
Gundelfingen
DTP: DTP-Design Walter,
Gundelfingen

Reproduktionen:
Repro Ludwig, Zell a. See
Druck: Appl, Wemding
Bindung: Ludwig Auer,
Donauwörth

Gedruckt auf chlorfrei
gebleichtem Papier

Printed in Germany ·
ISBN 3-405-15767-6

BLV
Verlagsgesellschaft mbH
München Wien Zürich
80797 München

Die Natur
aktiv entdecken

Doris Laudert
Mythos Baum
Die wichtigsten mitteleuropäischen Gehölzarten in
ausführlichen Porträts sowie
die Kulturgeschichte der
Bäume mit vielen Abbildun-
gen und Details: der Baum
in Geschichte, Mythologie,
Religion, Brauchtum usw.

Thomas Schauer /
Claus Caspari
**Der große BLV Pflanzenfüh-
rer**
Über 1500 Blütenpflanzen
Mitteleuropas mit 1140 detail-
lierten Farbzeichnungen und
allen wichtigen Fakten.

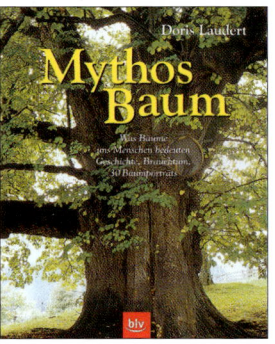

Ulrich Hecker
**BLV Handbuch Bäume
und Sträucher**
Alle Arten Mitteleuropas,
aber auch Exoten, die Gärten
und Parks verschönern – mit
vielen Farbfotos, Farbzeichnungen und Details zu Be-
stimmungsmerkmalen, Bio-
logie, Verbreitung, Stand-
ortansprüchen.

Veronika Straaß
**Natur erleben
das ganze Jahr**
Das Erlebnisbuch für die
ganze Familie: die Natur
im Jahreslauf bewusst wahr-
nehmen und aktiv entdecken.
Mit Beobachtungstipps, Anlei-
tungen zum Spielen
und Experimentieren, Re-
zepten usw.